U0929068

如何用优势创建企业、团队与产品

全球顶级咨询 / 调查机构

的最新发现

[美] 吉姆 · 克利夫顿 Jim Clifton 盖洛普董事长兼 CEO
桑吉塔 · 巴达尔博士 Sangeeta Badal, Ph.D. 著

BORN TO BUILD

How to Build a Thriving Startup,
a Winning Team, New Customers and
Your Best Life Imaginable

中国青年出版社
CHINA YOUTH PRESS

图书在版编目(CIP)数据

如何用优势创建企业、团队与产品：全球顶级咨询/调查机构盖洛普的最新发现 /（美）吉姆·克利夫顿，（美）桑吉塔·巴达尔著；张月佳译.
—北京：中国青年出版社，2019.5
书名原文：Born to Build: How to Build a Thriving Startup, a Winning Team, New Customers and Your Best Life Imaginable
ISBN 978-7-5153-4947-3
Ⅰ. ①如… Ⅱ. ①吉… ②桑… ③张… Ⅲ. ①企业管理—研究 Ⅳ. ①F272
中国版本图书馆CIP数据核字（2019）第035544号

如何用优势创建企业、团队与产品：
全球顶级咨询 / 调查机构盖洛普的最新发现

作　　者：［美］吉姆·克利夫顿　桑吉塔·巴达尔
译　　者：张月佳
责任编辑：肖　佳
文字编辑：张祎琳
美术编辑：更　生
出　　版：中国青年出版社
发　　行：北京中青文文化传媒有限公司
电　　话：010-65511270/65516873
公司网址：www.cyb.com.cn
购书网址：zqwts.tmall.com　www.diyijie.com
印　　刷：北京诚信伟业印刷有限公司
版　　次：2019年5月第1版
印　　次：2019年5月第1次印刷
开　　本：880×1230　1/32
字　　数：140千字
印　　张：8.5
京权图字：01-2018-6253
书　　号：ISBN 978-7-5153-4947-3
定　　价：199.00元

献给那些创建这个世界的人们。

——吉姆

献给我的父母，和我的老师斯托达德博士。

——桑吉塔

目录

第一部分

你在创建什么

人们经常会问："你在哪儿工作？"或者"你是做什么的？"却从不会问："你在创建什么？"

同样的问题，只要换个角度提问，改变的不仅仅是你，还有整个世界。

全球知名的重量级研究机构、科学家、研究者和政治家们从未真正参透人们与生俱来的创建事物的天赋。

有些人称这一天赋为"企业家精神"，他们只说对了一部分。用"创建"来描述人类的这种才能更加贴切，企业家精神有许多种定义，并且常常和创新的概念混淆，我们需要大量的创新，但创建却是另一种独特的天赋。

只有当一位雄心勃勃的创建者围绕某项创新打造出符合它的商业模式，并把它转化成客户愿意买单的产品或服务，这项创新才能体现出它的价值。

创新者首先应该是创造者、发明家和怀着满腔热情想要改进某项事物的问题解决者，归根结底，创新者就是思想家。

创建者与创新者不同，创建者需要创造的是前所未有的经济能量。

一个年纪不大的人也可以是一名创建者，当一个8岁的孩子在角落里摆上一瓶柠檬汽水时，这个不起眼的角落第一次发生了产品和服务的交换，也就意味着孩子在这个角落创造出了一股新的经济能量。多年前，一个14岁的孩子在原本只能送25份报纸的路线送出了100份报纸，这名年轻的创建者就在这条路线上创造了前所未有的经济能量。别小看这多出来的几十份报纸，它们也对美国的GDP增长贡献了一点小小的力量。

在创建者们打造出某种产品或服务前，消费者并没有意识到自己存在这种需求，是创建者创造了需求。直到谷歌或苹果的创立，或者直到1914年第一驾民用飞机的起飞，人们才一点点建立起了对手机或飞行服务的需求。在那之前，没有谁会想到："哎呀，真希望我口袋里有个设备，可以搜索到人类有史以来记载的所有事，这样就再也不用跑图书馆了。"

或者，"比起骑马，要是能坐上每小时400英里的金属管子直接飞到目的地该多酷啊。”

又或者，“真希望有人可以发明出水管和电，我就再也不用点蜡烛和煤油灯，也不用到外面上厕所了。”

经济学家和著名的思想家们在观察到经济发展放缓或下滑时常常得出这样的结论：“经济下滑是因为需求的减弱或者根本没有需求。”当然，还有另一种更加独到的见解：“之所以会缺少需求，是因为没有足够的创建者们去创造需求。”没有了创建者，就不存在需求，也就无法刺激经济增长并改善就业。

人们对于汽车、飞机、电视、录影带、自来水管、电、网络、星巴克或者亚马逊网的需求并不是与生俱来的——总要有人想出一个好点子，然后干成一番大事。一旦有人做了这件事，他们就创造了前所未有的经济能量，并带来了新的、有价值的就业机会，以及其他构成经济增长的要素。

现在是不是该到你思考创建一番事业了呢？也许你会创建一家中小型的公司，或者是销售额1000万甚至100亿美元的大型企业，这些都是世界经济总额中不可或缺的一部分。我们需要成千上万的中小型企业，所有社会需要各种类型的组织持续、蓬勃地创建与发展，否则社会就会停滞不前。

你可以做到。

当然，你也可以创建一个中小型或大型的非营利机构，打造另类的经济能量。经营非营利机构不仅可以拉动GDP的增长，也可以为各个国家和城市带来切实的发展和真正的就业机会。例如，建立大型的教堂，新设一家儿童博物馆、连锁的日托中心，或服务于弱势群体的家庭健康非营利组织及慈善机构。每一家这样的组织或机构都需要一个商业模式和一个有天赋的创建者，否则就无法正常运转。没有了天生的创建者，它们就无法产生新的经济能量。

你也可以成为一名“内部企业家”。

内部企业家们负责在现有的组织中开创一个新的业务板块，这也是一项艰巨的任务。某个组织或企业比如盖洛普，可能会派某个人去“设立能够销售上百万图书的新事业部”，或“建立一个新的分析事业部”，又或者“建立一个专门服务于大学的中心”，也可能是“在迪拜或首尔设一个新的办公室”。只有创建者才能胜任这些角色。

创建是一项难度系数极高的任务，但天生的创建者们却渴望挑战所有的不可能。实际上，越是混乱，遇到难题、阻碍，越是无人监管、需要快速的临场反应，或者需要打入新的客户群，创建者们就越兴奋。

创建者生来就与众不同，创一番事业是他们与生俱来的使命。

那么，你是一名创建者吗？

从安德鲁·卡耐基到J. P. 摩根，从约翰·D. 洛克菲勒到亨利·福特，这些大名鼎鼎的创建者们在钢铁、电力、火车和汽车领域创造了具有划时代意义的经济能量。他们制造出了所谓的“消费者”，从而改变了美国和整个世界；他们天生具有远见卓识，其带来的巨大消费能量使人们的生活发生了翻天覆地的变化；他们也常常赌上全部身家孤注一掷，毕竟要想真正成就一番事业，难免要冒险一搏。

世界上的任何一个机构，甚至包括非营利组织、学校和教堂都有自己的客户。而创建者们生来就知道如何为这些客户创造需求——提供一种更好的生活方式，从而打破现有市场。

杰克·多西和其他的推特（Twitter）创始人并没有追逐媒体市场的存量需求，而是另辟蹊径，打破平衡，开辟了一种新的交流和社交模式。

约翰创办了一个大型非营利组织，致力于帮助低收入群体提高个人信用分数，从而迅速提升了他们的生活质量。这个组织在全国各银行网点开办了关于货币和信用知识的速成班，满足了上百万名美国低收入群体的需求。而约翰的客户是金融机构，它们为这个非营利组织提供了资金支持。对于银行来说，相对于拥有糟糕的信用、低信用分数的客户，拥有高信用的客户是极其有价值的。

银行并没有哭着喊着要增加这项业务，而许多低收入的人群甚至从未想到还有这样的服务。约翰之所以能够创办这个全国范围的大型非营利机构，是因为预见了两个客户群体——免费使用这项服务的低收入群体，以及提供资金支持的银行。约翰创造了前所未有的经济能量和客户群体，在改善人们生活的同时也改变了世界。

1971年，罗伊从得克萨斯大学奥斯汀分校毕业后，与几个大学同学联合创立了一家广告公司，这家公司与众不同的地方在于：不仅关注传统的品牌宣传和营销，还会帮助客户明确自己的价值和目标，并向整个世界传达自己的经营目的。在他们的公司里，推动着全公司为客户进行创造性工作的不仅仅是定位和品牌辨识度，还有价值与目标。公司收获了巨大的成功，而罗伊也因“目标导向的品牌战略”而一战成名。罗伊和合伙人创立的公司甚至招来了沃尔玛、西南航空和美国空军这些大名鼎鼎的客户。

公司步入正轨后，罗伊交出了指挥棒，马不停蹄地着手开辟新业务。他创办了目标机构（Purpose Institue），还亲自在他工作的地方——清风牌早餐车上推销他的“罗伊”牌辣酱。

罗伊的人生目标就是帮助他人实现目标。他经常对年轻人说，“发挥自己所长，不仅能找到谋生的饭碗，还可以发掘自己所爱的事业”，这句话也深深根植在罗伊的基因中。

艾米丽曾就读于华盛顿特区的乔治·华盛顿大学，上学期间她加入了一个名叫“柠檬汽水日”的非营利组织，并接受了在乔治·华盛顿大学校园建立分会的挑战。

“柠檬汽水日”会组织五到八年级的学生经营自己的柠檬汽水摊位，以此培养学生如何运作买卖并保持盈利。艾米丽是一个天生的创建者，她利用手头的资金支持，通过聘用、培训和派遣的方式，在一年内迅速建立起由500名大学生组成的导师团队，完成了对8000名中小学生的辅导。

在没有影响学业的前提下，艾米丽建立了标杆式的非营利组织运营模式。而她所创造的新的经济能量在五到八年级的学生中、在获得学分的大学生中，以及为艾米丽提供资金支持的当地企业中不断传递。

“柠檬汽水日”也创造了一个可以在全国推广的大学生辅导模式。各大学受到了这种模式的启发，通过大学生们在学校所在的城市建立了“柠檬汽水日”分会。

艾米丽每天早上睁开眼睛看到的是“今天我能创建什

么”，这就是为创建而生的人才有的视角。

为了创一番自己的事业，40年前约翰和吉米没有选择当时最炙手可热的IBM或施乐公司（Xerox）的初级销售员的岗位，而是用借来的5000美元在美国中西部创办了一家小型的市场调查公司。

和绝大多数的创业者一样，约翰和吉米每天都为自己的事业打拼，当然他们的动力不只来源于赚钱，更多的是内心对独立和个人价值的渴望。通过创办公司，他们为自己打造了极具激励性的工作岗位。而在他们和其他同事的努力下，这家公司还在不断地发展和成长。

但是，仅仅靠一个有天赋的创建者，是无法创办一家大型的企业或非营利组织的，高效的创建者们往往要依赖一套精密的生态系统。

盖洛普发现，任何新创建的企业、部门或非营利组织的发展，都依赖三个关键人物。我们将其称为“三阿尔法”人才：阿尔法造雨人、阿尔法指挥家和阿尔法专家。当一个组织或团队拥有了“三阿尔法”人才时，就很可能实现突破，取得指数式的增长。

阿尔法造雨人拥有超乎常人的驱动力、恒心和毅力；困难和失败只会激发他们的斗志。企业的生存离不开这样的人才。

阿尔法指挥家拥有管理的才能，作为运营人员或管理者，他们知道如何让团队的所有成员齐心协力，配合无间，并将整个组织聚拢在一起。

阿尔法专家能够提供支撑公司核心产品或服务的专业知识。他们可能是一家新设立的分析服务公司的最佳统计员、一家餐馆的明星主厨，或是一家软件公司最优秀的程序员。初创公司的成功和脱颖而出，离不开阿尔法专家的功劳。

本书及书中附带的测试，就是为了帮你决定如何让创建来改变你的生活和事业，并帮助你回答“我是阿尔法创建者吗”这个问题。

为了成为一个更好的创建者，本书将帮你识别你最适合的阿尔法角色，从而最大限度地开发你的天赋和优势。

无论你想干一番大事，名利双收，还是想要或多或少地改变世界，又或者想成为大人物，青史留名，这些都无可厚非，但前提是你要成为一名成功的创建者。

你就是为了创建而生，无论成为一名造雨人、指挥家还是专家，你的未来都不可限量。

第二部分

通往创建之路的四把钥匙

创建者的思维模式

你可能会问，“我该从哪儿入手呢？”

萨拉也有同样的疑惑。从高中时代起，她就在父亲的车库里摆弄零件，在这间小小的工作室里观察着父亲设计马达、机械手和各种各样的小玩意。

她骨子里就是一名工程师，在大学取得了电气工程专业的学位后，萨拉对太阳能转换器产生了浓厚的兴趣，她希望将太阳能板产生的电转换成某种形式，为普通居民的家电、照明及其他电子产品提供方便。

但她却不知道该从哪儿入手。

毕业后，萨拉向50多家工程公司提交了初级岗位的求职申请，然而8个月过去了，却没有收到一个好消息。她只好一边在当地的咖啡店打工，一边继续应聘，同时申请了电气工程的硕士学位，一旦找不到工作她只能继续攻读硕士学位。

萨拉并不是个例，纽约联邦储备银行对2017年毕业的22—27岁的本科生、硕士生等进行了调查，发现失业率为4%，而准失业率为44%。像萨拉这样没找到全职工作、收入较低，或者从事的工作根本不需要本科学历的毕业生被认为是准失业人群。

如今岗位要求较为专业，附带福利和财务保障的工作机会越来越少了。这是因为劳动市场正在向“临时工”经济转型，即逐渐从朝九晚五的工作转向更加灵活和临时性的可替代工作。这种转变标志着人们过去习以为常的那种稳定的全职工作正在慢慢淡出历史舞台，美国乃至全世界正在进入一个全新的求职时代。

要想在雇用方式转变的大背景下存活并取得成功，就必须拿出点真本事——资源丰富、足够乐观、绝对务实、迅速适应。而主动、创新、敢冒风险、能够推销产品和想法等创业者需要具备的素质在这种流动性强的工作环境中也备受推崇。

对正在找工作的年轻人、正在寻找晋升机遇的职场人士，或者打算开辟职场第二春的退休人员，盖洛普给出的建议是：

拥抱变化！培养创建者的思维方式，才是你成功的关键。

成功的创建者往往拥有良好的心态，能够帮助他们预见困难、克服逆境、发现机遇、整合资源，并采取行动，最终实现目标。无论从事何种职业，选择什么人生道路，了解并具备这样的心态都是至关重要的。

最近，世界银行的弗朗西斯科·坎波斯和一组研究员做了一项调查。他们对一组小企业家进行了培训，题目为：从心理学角度出发的创业行为。结果发现接受培训的小企业家的公司利润增长了30%，而对照组的企业家们接受了常规的商业培训，结果公司利润仅增长了11%。这也证实了我们在前面探讨的，从心理学角度培养创建者的思维方式。

无论你是计划开诊所的牙医、想要聚拢信徒的牧师、准备开餐厅的厨师、想要创业的学生、设计手机应用的程序员，还是开辟新业务的公司管理者，你们创建的过程为消费者提供了便利，从而产生价值，并拉动经济的增长。但更重要的是，创建能够带给人极大的满足感，为生命赋予了意义和目标。

人类是天生的创建者，穷其一生都在追寻满足感、参与感和生命的意义。每个人的内心都埋藏着创建的种子，需要用毕生的兴趣和热情浇灌才能够绽放。

创建一项对你来说有意义而且能够实现个人价值的事

业，不仅可以促使你学习技能、培养能力、提升自我效能、帮助你掌握某一领域的专长，从而激发更多的动力和投入，还可以让你成为自己创业、创新的引擎，驱动自己的事业更上一层楼。

我们有许多可以借鉴的成功案例：白手起家的成功创建者们，几年内从没有资金、没有资源到成立价值数百万美元公司的创建先驱，在车库里一点点向成功努力的孤独的发明家，还有在成功前不断遭受拒绝、遇到困境的人们。

许多非常成功的创建者不仅可以率先发现机遇，还往往主动出击为自己创造机遇。他们绝不是被动等待机会降临的旁观者；相反，他们的态度、行动和思考方式成为了新机遇诞生的沃土。他们创造了前所未有的消费力量，开辟了无人涉足的新市场。

比如，著名舞台剧和电影明星约翰·雷吉扎莫在20世纪80年代一直想要在电影和电视中崭露头角。但身为拉丁裔演员，可演的角色受到了很大的限制，留给他的选择少之又少。在吃了几次闭门羹，演了一些跑龙套的小角色后，雷吉扎莫决定为自己开一家剧院——只有在这个舞台上，他才可以发挥才华，做一位真正的艺术家。

1990年，他将自己编剧的处女作《曼波的嘴》（*Mambo*

Mouth）搬上舞台，首场演出仅有70位观众。

20多年过去了，他仍然在创作剧本，设计自己的角色。即使现在戏路变宽了，雷吉扎莫也没有放弃对自己所关注的社会问题进行创作和演出。

雷吉扎莫没有坐等天上掉下来角色，而是为自己创造了角色。作为一名创建者，他用自己的愿望和努力拉近了理想与现实的差距。

另一位创建者戴夫·迈尔斯为公司开辟了一个新市场。迈尔斯曾在一家全球材料科学公司——戈尔集团任工程师。在位于美国亚利桑那州佛拉格斯塔夫的医疗产品工厂，他的主要工作是开发塑料的心脏植入产品。但在业余时间，迈尔斯常会修补自己的山地自行车齿轮。他用公司开发的聚合物（聚四氟乙烯类的材料）包裹自行车齿轮，希望提高自行车的性能。

谁也没想到迈尔斯的修修补补竟然为戈尔集团创造了一项新的业务：自行车的骑行线缆系统。虽然产品最终停产了，但迈尔斯并没有放弃，他仍在尝试用可以延展的聚合物包裹线缆，来提升它们的强度和性能。

在一次实验中，迈尔斯灵光一现，想到用聚合物包裹吉他弦，使它更加坚固耐用。于是他向一位同事求助，此人曾是狂热的吉他手。同事证实了他的想法，以往的吉他弦在经过一段时间的使用后，会因为灰尘和油脂的覆盖而失去音准。

迈尔斯说服了公司里的其他人加入他的团队。经过3年的开发，团队获得了公司高层的批准，创立了伊利克斯（Elixir）琴弦。凭借出色的音质和超出普通琴弦两倍的寿命，伊利克斯已经成为占据全美35%市场的吉他弦领导品牌。

迈尔斯没有被动等待在戈尔集团的职业晋升，而是通过自己的副业——修补山地自行车，为公司开发了一项新的产品。在这个过程中，他为戈尔集团开辟了人们始料未及的新市场。

嘉信理财的创始人查尔斯·施瓦布在全美建立的第一家贴现票据经纪公司，目前净资产已超过25000亿美元。而这家公司设立之际，正值美国证券交易委员会（SEC）大刀阔斧地进行法规改革。在1975年以前，投资者需为股票经纪操作的每笔交易支付固定的佣金，而在当年，SEC取消了固定经纪佣金制，导致美国金融业一片混乱。

当时，全美金融业都在激烈地抵制法规调整，甚至预言自由贸易体系已经衰落。而施瓦布在这场变革中发现了独特的商机，向更多的个人投资者打开投资界的大门。一个新兴市场正在等待挖掘，而彼时的各大经纪公司却没有预见这一趋势。

面对法规变化，施瓦布的创业举措颠覆了整个经纪人产业，导致一个新兴市场的诞生，从而使金融圈衍生出了大批的技术创新，以及各种新的服务和定价方式。

尽管雷吉扎莫、迈尔斯和施瓦布的故事非常励志，但对于不了解如何创立企业的普通人来说，这样的目标有些遥不可及。相信很多人都有同样的疑问：

- **我具备了创建需要的能力吗?**

“毕竟我不是牛津或耶鲁毕业的。”

- **我应该创建什么?**

“我手上没有几百万美元，也没有足以改变世界的好点子。”

- **我应该从哪儿入手?**

“我完全没有头绪！”

- **我应该向谁求助?**

“我不认识白手起家的成功人士啊。”

每个问题和担忧都会成为一个潜在的雷区——也是创建之路上的障碍。

为了让你的创建之路不再迷茫，本书提供了一套简单实用的方法，帮助你实现梦想。这些屡试不爽的技巧能够让你辨识，甚至是创造机遇，并教会你如何系统地一步步实现创建目标。

与其苦苦寻觅理想的工作，成为一名普通的上班族，期盼着遥遥无期的晋升，你完全可以主动出击创造自己的未来。首先要从培养成功创建者的思维模式开始。

通往创建之路的四把钥匙

要解码创建的方法，首先要研究成功的创建者是如何行动和决策的。因此，盖洛普研究了4000多位企业家和30000多名非企业家。我们采用了小组讨论和访谈的方式，专注地倾听优秀的创建者们分享他们取得事业成功的方法。

我们向大人物、政治家和各方支持者咨询如何创建一个具有经济价值的可持续的事业；我们从全美业绩最突出的企业家身上收集分析需要的数据——包括3年平均增长率超过3300%的世界五百强企业和小型公司；我们也从经济学、心理学、生物学、人类学、社会学和管理学等领域的最新成果借鉴创意。我们的目的不仅仅是服务于个别有创业打算的人，而是要打造一个人人都能拥有的创建方法工具箱，这里面要囊括人生各个领域都能用到的思考问题、分析问题和解决问题的方法，我们提供的是一种思维方式。

如果你打算创建一个小、中型或大规模的公司、一个大企业中的关键部门、一个非营利机构、一所教堂、一个营地或者一所学校，掌握了创建的四把钥匙，你就能够像真正的创建者一样思考。无论你的梦想是什么，这四把钥匙都能助你一臂之力。创建的四把钥匙包括：

- **认知自我**：第一步，了解自己。对自己的能力、驱动力和感情有清晰的认识，可以更清晰地认识自我，取得更好的结果。盖洛普的调查显示，当对自我有清晰的认识，人们对自己创建新事业的能力会更有信心。这一部分会教你如何认知自我，为你解开“我具备创建需要的能力吗”的疑问。你也将了解你是哪种类型的创建者——造雨人、指挥家或专家。

- **发现机遇**：本书的这个部分描述了发现机遇的路径，并帮你解答“我应该创建什么”的困惑。机遇无处不在，有些是显而易见的，例如需要改进的流程，或“这是什么”与“这应该是什么”之间的差距所引发的创意；而另一些则等待你去发掘，比如科技或工业的新的研发成果、法规或机构的改革（就像查尔斯·施瓦布所遇到的情况）、意料之外的状况，或人口结构变化带来的前所未有的新机遇。深挖你的内心和周围环境能够让你学会如何发现机遇。

- **让创意变成产品/服务**：脱离了具体的行动，创意就是一纸空谈。在这一部分，我们描述了将创意转化成产品、服务或解决方案的创建流程。不仅回答了“我应该从哪儿入手”的疑问，还可以帮助你将流程分解成几个具体步骤。通过学习如何创造一个最基础的问题解决方案，学会如何找到你的第一个客户，以及如何测试你的创意，你将可以放心大胆地迈出第一步了。

- **打造团队**：这部分探讨了发挥团队成员的优势，远比成为理想的个人创建者更为重要。研究显示，成功的创建者离不开人脉的支持，他们与客户紧密合作，与供应商和投资者结盟，以此降低风险，并保证他们的想法能够变成现实。在本章，你会了解如何用天赋互补的方式打造一个包括了造雨人、指挥家和专家的全方位团队。同样，你还会学到将利益相关方和合作伙伴等与你的成功息息相关的人物纳入到团队中来。

把本书当成一本使用手册，邀请合伙人、雇员和其他帮你创建事业的人一起阅读，共同讨论你们的进步和挑战。千万不要错过每个章节后的练习题，这些练习非常实用，可以指导你完成从无到有的创建历程，还可以让一个完全不知道该怎么起步的人在实践中学会认知自我、发现机遇、创建和验证自己的猜想、找到客户并组建团队。

我们希望书中的技巧可以让你摆脱“你是谁”“你能够

创建什么”以及“怎样创建”的疑惑。只要遵循这些技巧，你就可以大展拳脚，创建一个可持续、可盈利，并且颇具规模的事业。

条条大路通罗马，每位创建者都有自己独特的创业道路，但无论你目前处于创建的哪个阶段，我们都强烈建议你率先启用第一把钥匙——**认知自我**，这也是成为一名成功创建者的敲门砖。如果你已经拥有了一个可以全情投入的好点子，那么你完全可以越过第二把钥匙——**发现机遇**，直接跳到第三把钥匙——**让创意变成产品/服务**，用第一批客户来验证你的猜想。当你的公司运转良好时，你可能会选择直接跳到第四把钥匙——**打造团队**。

记住，没有一本书可以解答你所有的疑惑，或者解决你所有的难题。我们只能指引方向，路还要靠你自己走。

如果你是一名投资人、教练、导师、城市管理者或公司管理者，掌握着创建者成功的命脉，你可以通过本书的内容，发掘、引导和支持那些初露锋芒的潜力股；如果你是一名教师，想要教会他人如何创业，可以将本书的各个章节和章节后的练习整理成讲义，并在我们的网站获取更多信息和电子资料的链接。

创建者的思维方式是一项核心的生存技能。通过开发坚韧、个人驱动力、创造性思维等天赋，学习与应用本书提供的策略，你可以成为一名创建者。

无论你是想要取得职业发展、提高工作敬业度的雇员，想要提供新的就业机会或发展自己事业的经理人，还是想要改善他人生活的发明家，或想要拯救世界或振兴地方经济的普通人——我们都鼓励你尽情发挥创意、创建一番事业、建立一种商业模式，并找到自己的客户。

本书提供了创造你自己的未来所需要的各种工具和方法，不仅能够让你获得财务保障、心理上的满足，而且能够帮你达成目标。

既然有这么多事等着我们去做，那么就让我们赶紧开始吧。

第一把钥匙：认知自我

创建一个小型公司、社会团体、高科技公司或现有组织中的新业务，需要远见和行动并重。

在资源匮乏、成功率极低的情况下，你要聚拢和分配资源、生产并在未经测试的市场推广产品或服务、寻找并巩固客户，还需要探索增长和扩大规模的方法。作为创建者，你往往要面对巨大的挑战和不确定。

要想成功地应对这些挑战，你必须对自己的天赋有高度的认知。你是如何思考、推理和决策的？你对失败的容忍度是多少？面对阻碍你的决心有多大？了解你自己，就可以解开这些疑问。

正如约翰·雷吉扎莫，他选择自己创建舞台角色是源于他的拉丁裔身份。你只有了解自己是谁、你的信仰是什么，内在天赋和价值是什么，才能获得清晰的心理认知，并能让你采取行动。你的自我认知会渗透到你的决定、你建立的路径、你搭建的团队和你创立的公司里。因此，问问自己，“根据我对自我的认知，我能够成为什么类型的创建者？什么样的机遇最适合我？创建什么事物会与我的内心产生最强烈的共鸣？”

我们的依据是什么

早在20世纪30年代，欧文·费舍尔和约翰·梅纳德·凯恩斯等经济学家就研究了个人特性和经济行为之间的联系。自此，研究中就清晰地定义了特定的心理特质（天赋）与个人成就以及商业成绩之间积极而重要的关联。个人天赋包括冒险倾向、创造力、坚韧和自我效能等；个人成就涵盖个人财富的积累、工作上的提升；商业成绩则包含了销售额增长、雇员数量、引进的新产品数量或利润的增长等业绩。

盖洛普将天赋定义为让某个角色取得成功的自然能力。天赋是指持久而稳定，且在不同情况下都能反复产生的想法、感受和行为。其概念比个人特质要宽泛。天赋是个人特质和认知能力的集合。个人特质可以是天赋，但不是所有的天赋都是个人特质，比如，我们测量的天赋，既包括个人特质，也包括思维方式，而思维方式与心智能力/智力相重叠。

通过我们对个人潜力的测量工具，我们可以判断一个人是否具备与最成功的创建者类似的典型特性，从而推测他是否有令某个角色实现成功的自然而持续的行为方式。例如，某些人天生更具有创造力，另一些则擅长管理风险，还有一类人具有极强的自信心。这些天赋影响着他们的行为，而这些行为也决定着某个企业的生存与发展。

需要注意的是，天赋虽然具有高度的稳定性，但在特定情况下也会发生进化或改变。性格中的某些部分更具可塑性，即相比其他性格来说更容易发生改变。但在绝大多数情况下，天赋是非常稳定的，可以用来推断大部分情况下的个人行为。

人们已对天赋—行为—成果之间的关联进行了科学研究，并证实了其对创建事业和取得成功的影响，我们可以通过下面几个例子来进一步了解：

• 创造力天赋是指与生俱来的用新颖的方式进行思考的能力。多项证据表明与创造力相关的行为包括：产生多种不同的创意、从一个角度迅速转换到另一个角度，以及在不同创意之间产生与众不同的联想。成果是：具有创造力天赋的人能带来新的解决方案、新产品、新服务或现有市场的新的份额。**盖洛普研究显示，具有创造力天赋的创建者获得专利的可能性是普通人的3倍。**

• 冒险天赋是指在成功的可能性很低的情况下仍然愿意追逐某一想法的倾向。敢于冒险的人表现出来的行为，例如较强的容错性，能够在不确定的情况下做决策，能够通过分析降低风险（他们会评估各个选项，进行情景假设，在采取行动前计算成功的概率）。成果是：具有冒险天赋的人更愿意投资新项目，探索新市场，从而带来更高的收益。**盖洛普研究表明，具有冒险天赋的创建者拥有销售额超过100万美元的公司的可能性是其他人的5倍，其事业取得重大突破的可能性是其他人的4倍。**

• 自我效能天赋是指相信自我具有出色完成任务的能力。德国吉森大学（University of Giessen）心理学院的研究者研究了与高度自我效能相关的行为——较强的主动出击的倾向，面对困难时坚持不懈，非常希望成功以及尝试新事物。他们发现这些行为会带来的成果包括：设立新公司，创新增加，以及在商业周期的波动起伏中平稳地掌舵。**盖洛普的研究发现，具有高度自我效能的人招聘员工和创造新的就业机会的可能性是其他人的3倍。**

如你所见，每种天赋都会产生特定的商业成果。有些人擅长发现新的商业机会，另一些人长于风险管理，也有一类人天生具备销售人员的自信和气场，还有一种人善于寻找创新的问题解决方案。

识别你的创建者天赋

在研究中，盖洛普发现了成功的创建者们具有共性的一系列行为。例如，事业非常成功的创建者们可以不费吹灰之力建立起深层的关系，聚焦于结果，是创造性的问题解决专家，企业最好的代言人。

在分析了美国、德国和墨西哥的样本数据，听取了上百个小时的访谈后，我们将所有的信息提炼为影响和推动创建者取得成功的10项天赋，每个创建者都有自己独特的天赋组合：

- **自信**：你对自己的认识和对他人的了解非常准确。
- **授权**：你意识到不能靠自己一个人去完成所有的事，并愿意考虑转变管理风格和放权。
- **坚韧**：你在逆境和看似不可逾越的困难面前仍能坚持不懈。
- **创新**：你可以创造性地对现有的想法或产品进行优化。

- **独立**：你会尽一切努力去创建一个成功的事业。
- **知识**：你会不断地搜集有助于业务发展的信息。
- **盈利**：你基于已经观察到或预期的对利润的影响制定决策。
- **关系**：你拥有极其敏锐的社交嗅觉，并能够建立对公司的生存和发展有所助益的人脉。
- **冒险**：你天生就知道如何处理高风险的状况。
- **销售**：你是自己业务最好的代言人。

为了帮助你找到自己独特的10项天赋组合，盖洛普开发了名为“创业优势识别器”（Builder Profile 10，简称BP10）的网上测试，附在本书后。你需要输入书后信封中的测试密码才能进行测试。请先完成测试再继续阅读本书。

完成测试后，你会收到专属的创建者优势主题报告，报告中会根据你的回答，按顺序列出你的10项创建者天赋。前四项是你的最突出天赋，聚焦这几项会为你带来最好的成功机遇。同时报告中还会明确你的阿尔法创建者类型：造雨人、指挥家或专家。

定制化的报告结果可以用来指导你的前进路径。与生俱来的特质不仅会影响你创建的事业，而且会影响你创建的方式。你的天赋是打开世界大门的钥匙，它们会指导你如何看待问题，并解决问题；指引你发现前进道路上的障碍，以及如何扫除障碍；帮助你明确自己的目标和愿望，以及你实现目标的途径。

记住，每种天赋都与一种特定的商业结果紧密相连，但对其他的商业结果影响较小。例如，具有“创新”天赋的人肯定会保持公司的创新性，却很少会考虑公司的盈利能力；拥有独立天赋（需要自治）的创建者更擅长帮助初创公司生存，而非壮大公司；而冒险天赋（对风险的乐观评估）会正面影响到企业的收入和发展，但不会经常引入革新。

这10项天赋与企业家精神紧密相连。与这些天赋相关的行为可以让创建者满足这个角色的需求，最终带来商业上的成功。在完成测试并了解你的最突出天赋后，你就可以思考属于自己的、通往成功的天赋—行为—成果路径了。

从个性到商业成功的路径

天赋	行为	可能的商业成果
自信	• 对自身有清楚的了解 • 拥有很强的自我信念 • 说服与影响他人	• 新产品的商业化 • 创新 • 市场中的先行者
授权	• 容易放权 • 积极主动地合作 • 认可团队的优势	• 激励和驱动员工 • 较高的生产力

续表

天赋	行为	可能的商业成果
坚韧	• 表现出良好的职业道德 • 顽强而执着 • 能够克服困难	• 发现机遇 • 创业 • 实现商业目标
创新	• 充满新想法 • 想象可能的未来	• 业务转向新的方向 • 打破市场现状
独立	• 能够独立管理一个初创公司 • 自主设定目标并采取行动	• 初创公司生存下来
知识	• 经常搜寻新的信息 • 对这份事业非常执着 • 将信息视为宝贵资产	• 在市场中具有竞争优势 • 突破性的创新 • 能够满足消费者不断改变的预期
盈利	• 有敏锐的商业直觉 • 设定明确的目标 • 制定增长策略	• 高盈利性 • 业务高效运转
关系	• 具有较高的社会意识 • 建立各种业务人际圈 • 吸引并保持伙伴关系	• 获得财务资源 • 情感上投入的客户和员工 • 从人脉网络中获取重要信息
冒险	• 坦然面对不确定因素 • 以理性的方式制定决策 • 积极面对挑战	• 发现机遇 • 从市场缺口中获益 • 新的创新举措
销售	• 成为公司的品牌大使和代言人 • 有说服力 • 清晰地沟通	• 长期的客户忠诚度 • 为组织带来财务资源 • 业务具有高辨识度

作为盖洛普研究的一部分，我们向企业家们采访了如下问题，以了解他们的营业额、增长目标、曾创办过多少家公司、员工数量的扩大计划，以及拥有的版权、商标和专利的情况。想了解更多关于此次调查的信息，可以参考书后的附录。

问题1：你最近创办的公司目前的营业额是多少美元？

问题2：下列选项中，哪一项最准确地描述了公司未来5年的营业额目标？

问题3：你创办的公司一共有几家？包括已经不再运营的公司。

问题4：在未来的12个月里，你计划增加或减少的员工数量所占的百分比是多少？

问题5：你现在的公司是否掌握任何一项或多项版权、专利或商标？

基于企业家们的回答，我们发现了创建者的最突出天赋与商业结果之间的联系。例如，最突出天赋有“盈利”的人，有可能创立营业额为100万美元的企业的概率高出5倍，有可能规划和实现业务的巨大增长的概率高出4倍。

营业额

创立营业额为100万美元的企业

最突出天赋中拥有：

“盈利”天赋的企业家的概率高出5倍

“冒险”天赋的企业家的概率高出5倍

“授权”天赋的企业家的概率高出3倍

“销售”天赋的企业家的概率高出2倍

“独立”天赋的企业家的概率高出2倍

增长

实现业务的巨大增长

最突出天赋中拥有：

“盈利”天赋的企业家的概率高出4倍

“冒险”天赋的企业家的概率高出4倍

“自信”天赋的企业家的概率高出3倍

“关系”天赋的企业家的概率高出2倍

连续创业者

创立3家及以上的企业

最突出天赋中拥有：

“冒险”天赋的企业家的概率高出3.5倍

“创新”天赋的企业家的概率高出2倍

创造就业

计划增加5%以上的员工

最突出天赋中拥有：

“坚韧”天赋的企业家的概率高出3.5倍

“自信”天赋的企业家的概率高出3倍

“独立”天赋的企业家的概率高出3倍

“知识”天赋的企业家的概率高出3倍

“授权”天赋的企业家的概率高出2.5倍

“关系”天赋的企业家的概率高出2倍

创新

申请或获取一项专利

最突出天赋中拥有：

“创新”天赋的企业家的概率高出3倍

如你所见，这10项创建者天赋对商业结果，比如营业额、增长、创造就业以及创新，产生不同的影响。因此，把你的精力花在开发自己的最突出天赋上——即个性化优势报告中的前四项天赋；学习如何在创建的过程中最大限度地发挥你的天赋；使它们成为你的优势，也成为你的公司生存和发展的关键。

你也要知道自己的弱点或问题。通过运用系统、学习技能和知识，或建立互补的伙伴关系，来规避自己的短处。例如，如果你的长项是建立人脉而不是业务或销售额，那么就将精力放在建立与培养可以让你获得进一步发展的人际网络上，而将业务与销售额的事情留给在这些方面更擅长的人。

造雨人、指挥家和专家

在了解你的最突出天赋后，你就可以判断自己属于哪种创建者了。如前所述，盖洛普发现了三个阿尔法创建者类型：造雨人、指挥家和专家。根据你在“创业优势识别器”测试的回答情况，盖洛普会找出最适合你的角色。

造雨人：如果你是一名造雨人，你的关注点在于如何拉动企业的销售额和收益；你对自己能够取得成功深信不疑；你极少错过赚钱的机会；你制定了清晰而激进的增长策略，你将是否盈利视为公司成功的标准；你有着不可思议的说服力，知道如何用你的愿景来激励客户和员工；你可以轻易地说服他人接受你的观点。

作为一个主力推销员，你有着高超的营销技巧，乐于为公司的产品和服务发声和代言；除了绝对的自信，你的人脉触角伸向了所有对你的事业有裨益的人；而对客户和员工，你又能够以诚相待，这些都会帮助你不断接近业绩目标。

面对风险和挑战，你敢于担当，并勇于创新。你对风险持乐观心态。换言之，你用积极的心态来评估潜在的风险，且通过分析来化解风险和管理风险。

你的成功源于强大的驱动力、果断的行动力和良好的风险管控力。然而你对公司的日常管理不感兴趣，还是把具体的工作交给其他人吧。

指挥家：你具备出色的管理天赋，聚焦公司的运营。就像指挥家可以带领管弦乐队奏出美妙的乐曲，你也能够为混乱的初创公司带来秩序和和谐。你通过打造团队来管理公司；你从不孤军奋战，而是擅长为关键岗位物色合适的人选；你信任下属，分配业务也下放权力；你很快就可以发现一个更适合这个岗位的人才，并给予他足够的自由去决策和完成任务；放权和积累人脉是你打造公司核心竞争力的手段。

你对自己有着很高的要求，喜欢挑战现状；你也很少怀疑自己，不管别人怎么看，你都毫不犹豫地决策并采取行动。

你的执着为你赢得了同级、员工和客户的信任；你制定计划，坚持执行而且从不言弃；你信守诺言，一旦决心做一件事，不论有什么困难，都会实现目标。

但你的决心和驱动力并不是鲁莽和固执，你有重新评估你需要什么从而实现目标的能力；你也了解什么时候应该坚持，什么时候需要变通。

拼搏给你力量。你坚信企业未来的高速发展，并为此制定目标，让自己和团队为该目标不懈奋斗。

专家：作为专家，你最关注的是公司产品的研究与开发。成为业界的翘楚对你来说至关重要。你给自己定了非常高的目标，并专注于技术突破；你的发明或对产品和服务的改进，都是为了帮助客户解决问题，不仅提高了现有客户的满意度，更能为企业寻找新的客户群。

你极其独立，不断挑战现有的思考方式，从不接受现状，反复设想新的可能；你不仅仅是一个梦想家，更是一个独具慧眼、经验老到的思想家；你知道什么时候、在哪儿投入你的时间和精力。

你的字典里没有“放弃”这个词，只有不懈的坚持和一往无前的决心。你会全身心地投入到提升产品或服务的工作中。

作为一个学习能力极强的人，你一直在寻找让你的产品和公司在市场上脱颖而出的方法。

你的身体里流淌着艺术家和科学家的血液，这两种血液能够完美融合。公司运营不是你的兴趣所在，你更愿意将日常琐事交给其他人打理。

以上三种角色构成一个团队。我们的研究发现了创建者分为不同的类型，而每一类都有其优势和劣势。你的优势报告可能显示你是一个造雨人、指挥家或专家。或者你也可能是一个造雨人型指挥家、专家型指挥家或造雨人型专家。尽管每种类型的创建者都具备独立创建并壮大一家企业的能力，但只有这三种类型聚在一起，才会产生真正的魔力。

想象这三种类型的创建者在团队中扮演的角色。如果你是致力于企业跨越式增长的造雨人，那么你还需要创造新产品的专家和管理业务的指挥家来辅佐你；如果你是专家，就要找一位造雨人和一位指挥家来加入你的团队；而如果你扮演的是指挥家的角色，还需要邀请造雨人和专家来充实团队。后面我们还会详细讨论如何组建团队。

关于10项天赋的说明：这10项创建者天赋不能涵盖影响创建者成功的全部因素。一些非个性的变量，如技能、知识和经验，以及一些外部因素，都可能成为你成功道路上的决定因素，这些都必须纳入考虑的范围。但是这10项天赋诠释了：你是谁，你可以做什么，以及你相信你注定要做什么。盖洛普的研究表明，从自我认知入手，成功的概率最大。

创建者的方法

你只有了解自己是谁，才能知道你要创建什么。自我认知是一个持续的过程，就像肌肉一样，需要通过锻炼来不断强化。

那么让我们开启自我发现之旅吧，我们称之为“创建者的方法”。

第一步　自我图示

自我图示是你的自画像，也是你个性的内部地图，可以帮助你了解自己的行为。自我图示是你看待自己和世界的方式。

当你拿到自己的BP10优势报告时，请仔细阅读本书的第三部分：**成功创建者的10项天赋**中关于你的天赋的详细描述。你可能会觉得，“有道理，我从4岁开始就是这样”。或者会因为发现自己没有意识到的天赋而惊喜。不论是哪种情况，牢牢记住你的前四项天赋里让你最有共鸣的词语或句子。

下面是从“盈利”和“销售”的完整描述中摘取的几个例子：

盈　利

如果你拥有很高的“盈利”天赋，你的主要目标就是**赚钱**。

拥有较高“盈利”天赋的创建者往往具备敏锐的商业直觉。你凭借着这些敏锐直觉对商品或服务定价，以确保每笔销售都实现盈利。正因为对金钱的重视，你有**很强的成本意**

识，密切监控运营成本，你的大小决策都**不忘考虑成本**，你用盈利来评估决策的成功与否。

你对数据的态度体现了你对数字的喜爱。极高的“盈利”天赋可以让你从同样的数据中发现其他管理者、合伙人或员工都忽略的独特见解。**数字是你的生命线**。

销　售

拥有较高“销售”天赋的人，都是**出色的演说家**，生来就知道如何打动听众。具有**强大的说服力**，也是伟大的推销员，能够说服别人接受你的观点。你的坦诚与真实为你赢得了投资人、客户、合作伙伴和员工的信任，进而帮助你开发新的产品和服务，实现公司发展。

“销售”天赋较高的创建者都**擅长讲故事**。通过讲述个人经历，你能够传达公司的核心理念和你的想法，或者推销新产品和新服务；通过分享你对产品或服务的热情和兴奋、迎合听众需求，你与听众之间建立了一种情感纽带。

请从优势报告中挑选与你最有共鸣的词语或句子，并写一段自我描述，这段描述要体现出你最具代表性的特点，或你最重要的品质。下面列举了“盈利”和“销售”天赋的自我图示：

最突出天赋	共鸣词句	自我图示
盈利	赚钱	当我还是个孩子的时候，我每年夏天会摆摊卖柠檬汽水，就连我父母都不得不从我这里买柠檬汽水！
	很强的成本意识	我每个月都会严格执行预算。
	不忘考虑成本	我为自己花的每分钱负责。
	数字是你的生命线	我喜欢阅读表格。
销售	出色的演说家	我会根据不同的听众群体调整需要传递的信息。
	强大的说服力	我总是能够说服他人接受我的意见。
	擅长讲故事	我拥有鲜活的想象力和讲故事的天赋。

使用附录中的自我图示工具来完成你的自我图示。尽可能地描述出与你的天赋相匹配的特征或行为。这绝不是一次性的练习，你需要经常审视自己的描述，不断地观察自己，将与最突出天赋一致的行为补充进去。

在创建自我图示的过程中，你的大脑在不断地进行我们所说的强化优势的体验。专注你擅长的领域——你与生俱来的天赋和强项，优化你的表现，会让你的思考更加清晰、学习更加迅速、精力更加充沛、效率更高、工作时间更长，并能更快乐，减轻压力。

留心你在生活和工作中如何使用你的最突出天赋。盖洛普的调查显示，了解自己擅长的领域，并在这个领域工作具有实际价值。我们发现，当个人和团队能够发挥自己的特长时，员工的敬业度提高了15%，公司的盈利增长29%，销售额也会提高19%。

第二步　建立个人董事会

在完成自我图示，并对自己的最突出天赋有了深入的认识后，你可以开始创立自己的“董事会”了。

最成功的创建者们都坦承他们的成就绝非一个人的功劳。像他们一样，你也需要别人的支持。与他人分享并得到反馈是非常重要的。你的朋友、同事、领导和家庭成员等人际网络中，谁能够成为你的董事会成员呢？我们建议你的董事会成员应该包括自己信任的、愿意听从其意见的、能够以诚相待，或者比你更了解自己的，以及能够帮助你成长和发展的人。

下面列举了一些可以考虑的角色：教练、导师、榜样、专家、可靠的伙伴、互补的伙伴，以及兴趣相投的人。你也许想组建2个人，或者10人的董事会，但我们的建议是5至7人。时刻谨记保持思想和专业的多样性，对你的创建之路大有裨益。

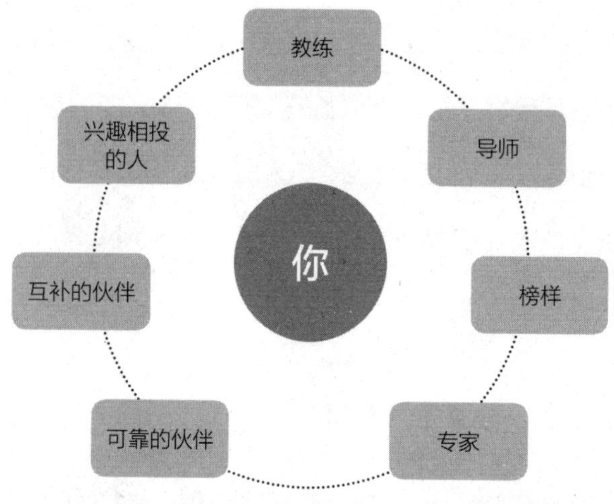

确定董事会人选后，要制定与每个人交流的时间计划。一定要选择对你最有助益的人，同时要定期与其沟通。要想从他们身上获取最大的帮助，一定要制定流程。

1. 多久与每位董事会成员沟通一次？你与某些成员见面的频率将会比其他成员更高一些。比如，你每个月或每几个月就要与教练、导师或可靠的伙伴进行定期会面。但与专家或榜样见面的频率则低一些。当需要特定领域的专业支持时，你会去咨询专家；你和榜样接触的机会可能比较有限，但他对你的人生产生了重要影响。

2. 与每位成员的关系有多紧密？你与每位董事会成员的交流方式取决于你们之间的熟悉程度，以及你对他的了解。如果让你用1—5分为你与每位成员的亲近程度打分，1分代表正式而疏远，5分代表私交及亲近。那么通常教练、导师或兴趣相投的人是和你打了多年交道的老朋友，你们的关系较为亲近。他们是你坚强的后盾，你也更愿意接纳他们的个人意见。

3. 你需要什么类型的支持？组建一个真正有效的董事会需要时间和资源。为了最大限度地发挥他们的作用，利用好各自的时间，你应该根据每个董事会成员的角色，把你需要从他们身上得到的支持列一个清单。这个清单必须与你的短期及长期目标一致。你的目标越清晰，你越容易从他们身上获得有效的支持。

杰罗姆是一名大四学生，希望进入金融行业。下面列举了他的私人董事会成员：

教练 通过帮助我开发个人天赋，来鼓励、激励和帮助我的个人成长

姓名：萨利　　亲近度（1—5分）：5（亲近）

沟通的频率：每3个月沟通一次，提前与她确定见面的日期，预留时间：3月20日，6月20日，9月20日，12月20日。

需要的支持：讨论我毕业后的计划——如何在5年和10年内达到我理想的高度。设定个人目标和职业目标。督促我的每一步行动。

导师 在我感兴趣和向往的领域有经验和专长

姓名：贝丝　　亲近度（1—5分）：5（亲近）

沟通的频率：当我在专业领域需要帮助时。

需要的支持：如何进入华尔街工作。

榜样 某个我崇拜的人，他的成就是我努力的目标

姓名：沃伦·巴菲特　　亲近度（1—5分）：1（疏远）

沟通的频率：无。

需要的支持：了解他的人生经历，他如何进入投资行业，以及他给年轻投资者的建议。我的梦想是在5月份到奥马哈市的伯克希尔·哈撒韦公司股东大会上一睹他的风采。

专家 掌握我所不具备的专业知识或技能

姓名：艾伦　　亲近度（1—5分）：2（不是非常亲近）

沟通的频率：本学期每周一次。

需要的支持：辅导我的微积分作业，为期中测验做准备。

你可以使用附录的董事会工具来组建你的个人董事会。

第三步　编写目标日志

为了更好地发挥自己的天赋，你可以用日志的形式记录与天赋相关的积极体验、你对未来的计划，以及达成目标需要的步骤。

每当你看到自己或他人的行为能体现你的天赋，就记下来。每天快速地记录3件让你感到“我天生就是做这个的，它让我感觉很好”的事。坚持一个月，你的大脑会接收与你的天赋相关的积极体验。写日志可以让大脑回顾这些瞬间，同时也向大脑传递这些信息很重要的信号。

接下来，写下你对未来的计划。你想做什么，以及如何实现。将你的大目标分解成小目标和里程碑。目标分解得越详细，就越容易实现。

还要记录你与董事会成员的互动，将他们的反馈与你的目标挂钩。记录自己的行为不仅能够让你了解自己决策的方式，还可以提高自我认知。你的日志可以作为一份档案，用来回顾和评估你成功或失败的原因。

下面是杰罗姆的目标日志：

目标日志工具
四大突出天赋 ·盈利　·销售　·关系　·坚韧
积极体验
·酷爱阅读本杰明·格雷厄姆的《聪明的投资者》，根本停不下来 ·攒了1000美元用来开设我的第一个电子交易账户 ·筛选了我选择投资的股票 ·投资课程得了A+的分数
未来的计划
·短期：在金融公司进行暑期实习 ·长期：成为华尔街的一名分析师
与董事会成员的互动
·和萨利沟通 ·她让我申请亚美利交易公司、花旗银行和摩根大通公司的暑期实习 ·她认识摩根大通公司的员工 ·摩根大通公司的实习申请截止到1月19日 ·给贝丝打电话获取第二封推荐信（截止到12月20日）

使用附录的目标日志工具来强化自我认知，并随时记录与天赋相关的经历、互动以及计划。

记住，要建立自我认知，你必须遵守纪律，不断训练大脑识别和运用你的优势。我们希望这三个步骤能够一方面强化你已有的自我认知，另一方面也可以填补你的认知空白。了解自己是你取得成功的基础。

但是，培养自我认知仅仅是一个开端，创建是一个更大的概念，要进入真正的创建阶段，需要更多的努力。让我们一起迈出下一步吧。

任务清单

① 完成“创业优势识别器”测试，了解你独特的天赋组合。

② 了解你的创建者类型：造雨人、指挥家或专家。

③ 完成自我图示来发现和指导你特有的天赋。

④ 组建你的个人董事会，多样化的想法和建议能够帮助你成为一个更好的创建者。

⑤ 训练大脑识别你的优势，用目标日志记录你的积极体验，至少要坚持30天。

第二把钥匙：发现机遇

现在摆在你面前的难题是：**如何发现创建的机遇？**

机遇无处不在，大量关于创业认知和心理的文献表明，个体发现机遇的可能性会随着下面的因素而增长：

a）对大环境（商业、政治或社会）的知识储备

b）（因为流程的改进，法规的修订，技术或行业的革新，意外事件或人口变化）存在改变现状的动力

c）人脉的范围

选择恰当的创业想法也许是创建者面临的最关键的一次选择。你发现机遇的能力取决于你是否做好了准备来发现机遇。首先，你需要持开放的心态，从而发现你所在环境的机

遇；其次，你要决定眼前的机遇是否是创业的最佳选择。

发现机遇的途径

与其坐等机会现身，不如主动发现机遇。接下来，让我们讨论一个流程，你可以通过使用这个流程，让你对意外事件、市场或客户需求的转变，以及周围条件变化带来的可能性变得敏锐。培养敏感度能帮助你发现机遇，以下几个步骤可以帮助你培养对机遇的敏感度：

1. 以天赋为出发点
2. 将点连接起来
3. 人际网络最大化

第一步　以天赋为出发点

关注哪些是你喜欢做的事，哪些又是你讨厌做的事。要记住，当你发挥自己的天赋时，你所发现的机遇和创建的解决方案对你才是有意义的，你也更容易取得成功。要想发现哪些事情或情景能够运用你的天赋，可以关注这三条线索：投入程度、快速学习和表现出众。

a）**投入程度**：你是否沉浸在某件事里忘记了时间？如果答案是肯定的，那么你就是在运用自己的天赋。积极心理学家米哈里·契克森米哈赖发现当人们沉浸于某件事时，他们正在经历一种“最优体验”，这种现象被他称为“心流”。

天赋能够促使人们沉浸在一项任务或一件事中。回顾你曾经历过的富有挑战性的训练、高难度的项目或者新的爱好、突破极限完成的一项高难度任务，和虽然痛苦却快乐的体验。如果你彻底“沉浸在其中”——感到高度亢奋，轻松自如，而且体验到极大的满足和愉悦，那么你就处于一种心流的状态，也就是在运用自己的天赋。

创建的过程困难重重，更需要极大的投入，如果不能乐在其中，就会心生倦怠。假如你从自己的天赋出发把握机遇，往往更容易取得成绩，这种满足感和鼓舞是你坚持下去的动力。

b）**快速学习**：回顾你曾经完成的某项新任务、尝试的新爱好，或参加的体育活动，把你很快就能上手或者进步飞快的事从记忆中提取出来。

天赋能够加快实践和学习。当你掌握某项活动或任务的速度超过其他人时，往往说明你在这件事上具有先天优势。

c）**表现出众**：你在什么情况下能够轻而易举地取得领先？你可能注意到自己早期在写作或公共演讲上的小成功；或者有人夸奖过你的音乐才能或体育特长；你也可能擅长组

织团队或策划活动。

天赋能够提升你的表现。尽量在你擅长的领域寻找机遇，因为在最佳状态下你取得成功的可能性更大。

要想启动发现机遇的流程，首先要记录机遇日志。在每天结束之前，记录下当天参与的所有活动和任务。用1—5分给你在每个活动中的投入程度、学习或进步速度，以及表现情况打分（1分为低分，5分为高分）。

下面的例子是萨姆某一天的机遇日志。萨姆是一名非常努力的大二学生。

萨姆的机遇日志：第一天

活动/任务	投入程度	学习曲线	表现	说明
有机化学实验室	4	3	2	工作量大
英语文学	5	5	5	有趣！
乐队练习	5	5	5	摇滚吧！
话剧彩排	4	4	3	我需要对自己的角色做更多研究
工作：生理学实验室助教	1	2	3	☹
企业家精神俱乐部	5	5	无	听到了电梯游说——非常有趣！

续表

活动/任务	投入程度	学习曲线	表现	说明
助教值班	2	3	1	太差劲了！我的化学需要帮助！
医学院预科委员会会议	5	4	3	还有很长的路要走！
健身（动感单车课）	5	5	5	想要尝试一些不同的东西……或许上一节踢踏舞课？
为朋友们准备晚餐	5	5	5	鸡肉春卷配地中海风味的薄荷酸辣酱！大受欢迎！

来自医生世家的萨姆认为医学是她最佳的职业选择。像许多学生一样，萨姆忙着兼顾各门课程、兼职、课外活动和社交，生活过得飞快。她的目标是以GPA高分完成医学院预科学习，进入一所不错的医学院，萨姆一直在朝着这个目标努力。

在连续记录了4周机遇日志后，萨姆开始发现哪些是她的强项，哪些是她的弱项。她发现参加企业家精神俱乐部、完成英语文学课论文、上台演出和烹饪新菜式，是她的“心流”瞬间，能够游刃有余；而在有机化学和生理学实验室时，总是度日如年，表现平平。

她发现自己热爱用化学理论烹饪新菜式，却讨厌化学方程式；她喜欢和生理学课程的学生互动，却觉得布置和清理实验室器材无聊至极。

萨姆了解到她在活动中的投入程度与她的学习速度和强度，以及她在这项活动中的表现直接挂钩。她也知道了哪些活动带给她最优体验——全身心投入和深深的愉悦感。

通过机遇日志获取的信息让萨姆“意外”地发现了一个机会。她意识到自己在为朋友们准备晚餐的时候最为投入。她会精心地设计每道菜单，既符合传统的烹饪习惯，也融合了她学到的化学理论，加以试验。

萨姆发现她在烹饪的时候最具创意，而朋友随口说的一句话给她带来了灵感。他们希望学校的餐饮服务公司能够使用萨姆的菜单。那么，如果她将菜单提供给学校的餐饮服务公司会怎么样呢？这个想法在萨姆的脑海里久久不能散去。在下一小节，我们会看到她采取了什么样的行动。

像萨姆一样，使用附录的机遇日志工具，每天或一周几次记录你的日常活动。至少坚持4周，以便捕捉一个典型的周活动样本；顺便给每个活动的分数写上一两句说明，提醒自己打分的原因。

对于4—5分，特别是连续几周得到4或5分的活动，你要格外留意。因为这些是你投入度最高的活动——你能够体验到“心流”的瞬间，同时是你可以迅速上手并且能够取得突出表现的活动，能够带给你极大的满足感和成就感。

当你越来越深入地参与到某项活动时，你会自然而然地提高对未满足的需求、差距、待解决的问题的感知，这种意识和感知能够引发你在这个领域改变、提升，以及创造新产品、流程或服务的创意。从中挑选一两个创意钻研下去，你就可以将点连接起来，将创意转化成机遇。

第二步　将点连接起来

通过机遇日志你可以识别出自己感兴趣的领域，并清晰地了解自己的好恶，下面你要开始关注这个领域里的大事件、改革和趋势。换句话说，就是将点连接起来，将线索串联起来。

对人类认知的研究表明，创建者们能够将看似不相关的事件联系起来，从而发现机遇。他们可以在毫不相干的碎片信息中找出规律，同时充分关注社会、人口学、科技、政治或周围发生的其他变革，从而引发新的产品或服务的创意。

举一个例子，下列事件启发了查尔斯·施瓦布创建在线经纪公司：

- 美国证券交易委员会主导的重大法规调整
- 个人电脑的普及
- 追踪商品或服务在线交易的软件的开发
- 保障互联网金融交易安全性的能力
- 个人投资者对高昂的经纪佣金的不满

那么施瓦布是如何发现机遇的呢？他能够“将点连接起来”，将他周围看似不相关的事件和趋势联系在一起，从而发现新的商机。

你可能会问：“大多数人处在同一个环境中却与机遇擦肩而过，究竟是什么让极少数的人能够发现规律，将不同的事件联系起来呢？”现有的关于识别机遇的研究认为，个人的联想能力一部分取决于天赋（例如，创造力、乐观主义、风险预判能力），而绝大部分取决于他的知识储备，以及生活或工作经历。

施瓦布在金融界从业多年，拥有大量的专业知识。这些知识帮助他将技术的新发展、法规的变化，和客户预期的改变“联系”在一起。他的经历、知识和天赋为他提供了发现身边机遇的独特视角。假如换一个人，即使在同一领域工作，但经历、知识背景和天赋不同，那么将同样的线索联系在一起的可能性就会变小。

斯蒂芬妮·布里德洛夫创业的经历是创建者如何识别新商机，创立新公司，并成功发展公司业务的最佳实例。她以及本书中其他人的故事生动地再现了我们的创建者原则。这些创建者的旅程能够帮助你理解问题的背景，找到解决方法，并将这些解决方案应用在真实的情景中。

在布里德洛夫的著作《全员参加：女性企业家如何全面思考、创建可持续企业，并改变世界》中，她描述了自己如何发现市场需求，以及这一发现如何引导她和她的丈夫创立一家新公司。

斯蒂芬妮·布里德洛夫和她的丈夫在聘请保姆时，决定与保姆建立正式的雇用关系。成为雇主意味着要代扣代缴所得税，支付雇用税，提供医保、带薪假期和病假——布里德洛夫和她的丈夫对这些细节一无所知。

在完成以上这一系列的流程后，他们意识到也许其他家庭也能从他们的经验中受益。当时市场上并没有人提供此类服务。于是他们成立了布里德洛夫联合公司（目前改名为HomePay），帮助各个家庭合法支付住家看护人员的薪酬、提供工资单流程、税收汇款和人力资源服务。

布里德洛夫在观察和体验了以下这些趋势后发现了市场的空白：

- 需要住家保姆服务的双薪家庭的增多
- 提供住家看护服务的人口的增长（保姆、护工、保洁）
- 布里德洛夫夫妇想要合法支付保姆薪酬的愿望

布里德洛夫和她的丈夫的教育、技能、生活和工作经历让他们能够将点连接起来，将线索串联起来，发现一个新的可盈利的商机。

你也许会认为“将点连接起来”更加适合拥有广泛的工作经历、教育背景和专长的人，那么初出茅庐的创建者该怎么办呢？他们该如何将看似不相关的事件和信息联系起来呢？让我们来看看萨姆的创意进展得怎么样了。下面是引导萨姆发现机遇的条件：

- 学校各个餐厅提供的食物都大同小异，毫无新意
- 有相当一批住在宿舍的学生们渴望多样化的食物
- 萨姆喜欢设计新菜式

萨姆是从她的天赋（开发新菜式的创造力）出发，通过关注周围环境来实现联想的。她运用自己对校园餐品的知识，与朋友们用餐的经历，以及从社交网络中获取的对新菜品的反馈看到了这个可能性。

她的想法逐渐成形：每周，她会向学校餐厅提供一个独创的菜谱，这道菜要使用常见的原料，保证在30分钟之内完

成。萨姆每周会培训餐厅员工如何准备食材。她认为每周提供一次惊喜主菜能够提高学生们的好感和忠诚度。

萨姆有了一个点子，但是要把想法变成可行的机遇，她还有大量的工作要做。作为一个初来乍到的新手创建者，她没有背景，没有接受正式的培训，也没有餐饮设计的经验。因此，她要铆足劲，尽可能地收集各类信息，包括学校餐厅运营的趋势和变化、食品技术、她的菜谱的营养价值、顾客（学生们）的预期，以及学校对食品安全的政策。收集信息是萨姆这个新手创建者辨别机遇是否可行的有力武器。

一旦通过机遇日志锁定了你的想法，你就要开始关注与之相关的趋势、事件和变革，以及“现状”和“预期”之间存在的问题、矛盾与差距。尽可能详细地记录日志，你的日志越具体，这些看似没有关联的事件和变革之间的联系就越清晰。

第三步　人际网络最大化

发现机遇的下一步就是和你社交圈里的人交流，特别是在你感兴趣的领域工作，或对这个领域有所了解的人。先从你的个人董事会成员开始，他们关心你的成功和未来，可以把他们当成你的参谋。

咨询董事会中的专家和榜样。榜样人物是你所感兴趣的领域中的翘楚，也是你努力的目标，但也许你们之间并没有私交，那么你可以通过阅读来了解他早期的创业经历。

你也可以询问导师和教练的意见，他们会为你引荐该领域的其他人，为你提供建议、备选方案，或者帮你分析将想法变成现实所需要的资源。为了更高效地利用每个人的时间，要提前准备好向每个董事会成员提问的清单。

萨姆从她的人际网络中获得了实质性的帮助，她的大学顾问通过邮件把她引荐给了餐饮服务主管，从而促成了一次会谈。顾问还建议萨姆设立“免费增值模式”——前5周免费提供菜谱，后续按点单数收取提成。

她的导师向她推荐了一名营养学博士生，帮她评估每道主菜的热量和脂肪含量。萨姆希望她的努力能够赢得餐厅主管的认可。同时她决定选修营养学课程，一方面能够获得学分，另一方面她可以以课程项目的形式实践自己的创意，一箭双雕。萨姆的一位朋友建议让学生为她的主菜打分，从中收集的客户满意度数据也会成为她继续自己事业的关键信息。

通过与董事会成员们分享创意，并获得反馈，萨姆获取了更多的信息和知识、更广的人际网络，以及打磨自己创意的额外资源。像萨姆一样，你的网络越广，与他人的互动越多，你能够识别有价值的潜在机遇的可能性也就越大。

评估机遇

既然你已经能够像创建者一样思考，那么是时候评估你的创意了。决定一个机遇是否现实并且值得开发是机遇识别流程的关键环节。你可以从某一个创意起步，经过反复打磨，直到一个最终产品或服务问世。或者你可以同时对多个创意进行开发。

评估创意的过程可能会把你带到一个新的或与预期截然相反的方向。很少有创建者一开始就能拿出一个完全成熟的想法，也很少有人从一开始就知道自己的事业最终会成为什么样。

发现机遇是一个持续的过程，你要时刻准备好提升和改善你的创意，并在调整目标的过程中不断地弥补知识短板，以开放的心态来进行探索。

评估机遇，可以问自己以下这些问题：

- 你为什么要做这件事？（**目标**）
- 你在创建什么？（**产品/服务**）
- 你的客户是谁？你怎样帮助他们？（**客户需求**）

• 你的产品/服务与市场上同类产品的区别是什么？（**所增加的价值**）

• 你手上有什么财务、人际资源，你的技能组合是什么样的？（**资源**）

• 你愿意承担多大的风险/损失来实现你的想法？（**可承担的损失**）

萨拉·萨拉瓦蒂是弗吉尼亚大学著名的企业家精神研究者，他将"可承担的损失原则"定义为一个创建者为了创业愿意付出多大的代价和决心。

• 什么是成功？（**成功**）

下面是萨姆对她的机遇——为学校的住宿生提供健康和国际化的菜品——进行的初步评估：

• **目标**：营造一个可靠、多样化的餐饮服务文化和环境。

• **产品/服务**：每周为餐厅提供两款新菜谱，培训员工并提供咨询。

• **客户需求**：她的客户是学校的同学，他们期待的是健康、新鲜和带来多种体验的食物。学校现有的专业餐饮服务不能满足他们的需求。

• **所增加的价值**：a）餐厅节省了聘请有经验的厨师、合格的主厨或邀请客座明星大厨的一大部分开支，只需要萨姆的帮助就可以提供更多新菜品；b）让一名学生参与到烹饪和菜品制作环节，让餐饮服务更接地气，也更容易提高学生的忠诚度。

- **资源**：a）她的人际网络提供的建议、支持和资源；b）她的时间、精力和投入；c）为朋友们做饭的经历。

- **可承担的损失**：萨姆准备全身心地投入这个项目，她留出一个学期的时间来实践。“我没有投资金钱，但我会投入我的精力和时间来做成这件事。我给自己一个学期的时间，即使最终什么都没做成，也为下学期积累了丰富的学习经历。”这样一想她就义无反顾地投身到项目中了。

- **成功**：a）在这个学期的前5周，每份菜谱加上一个小时的咨询服务，萨姆会收取25美元的费用（25美元×每周2份菜谱×5周=250美元）。在这个学期接下来的11周里，每份菜谱加咨询服务，她会收取40美元（40美元×每周2份菜谱×11周=880美元）。另外，整个学期中每售出一盘菜她会收取1美元的提成。如果一切顺利，她的收益是1130美元（250美元+880美元）+每盘1美元的提成。b）每学期客户增长10%。

在下面的故事板上，萨姆描述了达成目标的多种途径。

萨姆的故事板

	创意1	创意2
机遇	为学校的住宿生提供健康和国际化的菜品。	医学院毕业后创办一家健康中心；探索食物与健康的联系。
目标	营造一个可靠、多样化的餐饮服务文化和环境。	获得烹饪医学学位（即作为医学院学生学习烹饪并为患者提供营养建议）。
产品/服务	第一步： a）每周与校园餐厅分享2款新菜谱。 b）培训员工并提供咨询。 第二步： 由学生选择新鲜食材；在学生面前准备菜品。	为患者提供营养建议。
客户需求	第一步： 学生期待健康、新鲜和带来多种体验的食物。学校现有的专业餐饮服务不能满足他们的需求。 第二步： 为学生创造难忘的体验。	患者希望了解能够预防疾病的食物和营养知识。
所增加的价值	a）菜品多，花费少； b）"来源于学生，服务于学生"的主菜带来更高的接受度和忠诚度。	接受过烹饪培训的医师。
资源	a）人际网络提供的建议、支持和资源。 b）时间、精力和投入。 c）为朋友们做饭的经历。	a）在一家专注于营养的健康中心工作2年。 b）存钱。 c）建立更广的人际网络。

续表

	创意1	创意2
可承担的损失	没有投钱，但我会投入我的精力和时间来做成这件事。我给自己一个学期的时间。最坏的情况，积累经验。	a）75000美元积蓄。 b）浪费一年时间，如果失败了，就找一份医师的工作。
成功	第一步： a）1130美元+每盘1美元提成。 b）每学期客户数量增长10%。 第二步： a）每学期5000美元。 b）客户数量增长。	能够盈利的健康中心。

在萨姆的故事板上可以看到，她并没有一个特别具体和明确的目标，而是让目标在一个迭代的过程中逐渐显现。首先，她会尝试第一个创意，如果餐厅接受了她的菜谱和培训（第一步），她会在初始想法的基础上进行演变——加入现场烹饪这个新元素（第二步）。

如果这两个选项都大获成功，萨姆还会增加为校外学生送餐等服务。另一方面，如果第一个创意里的选项都没有实现，她也为自己的第二个创意——接受培训，成为一名拥有烹饪科学专长的医师——积累了经验。

萨姆用经济学术语和商业相关的元素来定义成功：收入、客户基数增长，以及盈利。研究表明经验丰富的创建者会重点关注商业成功的指标，比如现金流、利润或收入。即使你计划创立的是非营利或社会服务性机构，我们也同样建议你关注商业指标。虽然你的目标不是利润最大化，但仍然要保证企业或者机构不会亏损。融资、预算管理、降低成本和投资的社会回报（对客户和社会的影响）都是你需要关注的指标。

附录的故事板工具可以帮助你进行机遇评估。随着对创意的可行性和潜在商业价值的评估，一条切实可行的道路也会一点点浮出水面。在下一小节，我们会探讨如何将你的创意发展为一项事业。

任务清单

① 从你的天赋出发。选出你投入度最高、学得最快、表现最突出的活动。从你的机遇日志中挑选一到两个感兴趣的领域集中突破。

② 将点连接起来。通过关注你感兴趣领域的大事件、变革和趋势，学习如何发现规律。在机遇日志的说明部分清晰地表达你的想法。

③ 人际网络最大化。与社交圈里的人交流，利用你个人董事会成员的反馈来优化创意、获取资源，从而将梦想变成现实。

④ 评估机遇。用故事板的形式来设定达成目标的多条途径。

第三把钥匙：让创意变成产品/服务

行动比想法更重要，你的未来由行动决定。激活创意的过程，就是让天赋和机遇与辛勤的汗水相互碰撞，从而让创意变成成功的产品和事业。

伟大的创建者们都是从一个最基础版的产品或服务起步——将可行的最低配版产品投向早期的应用者（即客户）。不断从客户的反馈中学习，反复优化直至产品达到客户预期，从而提高企业生存和成功的概率。

运用你从机遇识别练习中获取的创意，你将学会如何将创意转化成假设（我的客户是谁？他们是否需要我创建的产品？他们会为我的产品买单吗？），用实验来验证假设，从实验中学习，基于你所学到的优化产品和服务，并且再次实验，直到一个可盈利、规模化的商业模式诞生。通过遵循“**生成假设、开展实验、评定结果、学习经验、再次假设**”的流程，你能够打造一个可持续、可重复、能为你带来客户的商业模式。

生成假设

创建者的成功之路充满挑战、挫折和障碍。身为一名创建者，你会遇到各种不确定、风险和质疑。

降低风险的最佳途径就是从小规模起步。成功的创建者们从不会鲁莽行事或置身险境。他们会对机遇进行全面的评估，并采用分步实施的方式将风险最小化。他们的起步来源于一定的设想，我们称之为假设。

斯蒂芬妮·布里德洛夫想要设立帮助家庭合法支付住家服务人员的薪酬的公司时，她又有什么样的设想呢，让我们来看一下。

斯蒂芬妮·布里德洛夫的激活创意表格：假设

假设	实验	结果	未来
假设1：以人际关系为基础的营销与销售是获取客户的最佳策略			
假设2：雇用住家看护人员的家庭希望合法支付工作人员的薪酬			
假设3：客户愿意为定制化的工资单、缴税及劳动法服务支付费用			
假设4：不限次数的电话咨询服务能提高客户忠诚度，增强客户关系			

此前布里德洛夫在这个领域没有任何经验，她先是对工资单和劳动法做了一些初步的研究，接着创办了网站，准备了一些基础的营销材料，明确了她提供的服务（客户宣传材料及可交付物），以及服务的对象（目标客户），列出了她为客户提供服务的流程。这些是她在为一家咨询公司做全职工作之余，利用非常有限的预算张罗起来的。

一个最低配的产品（minimally viable product，MVP）——用最少的资源搭起来的，并且没有经过任何修饰的产品或服务的骨架，就这样诞生了。

MVP的意义在于证实你的创意可行且有需求。一个配备了营销和宣传材料的简易网站足够让布里德洛夫进行实验和测试她的假设了。

萨姆用她的故事板构成了假设，下面是她的设想：

萨姆的激活创意表格：假设

假设	实验	结果	未来
假设1：校园餐厅愿意接纳我的菜谱			
假设2：学生们渴望学校提供健康、新鲜和多样化的食物			
假设3：学生愿意为健康、国际化口味的食物付额外的钱			
假设4：菜品的制作环节中有同学的参与，能够激发学生的忠诚度和满意度			

萨姆先从菜谱入手。她请一名营养学的学生来评估每道菜的热量和脂肪含量。接下来，她又想出了独特的营销策略：通过一篇讲述秘鲁甜点不含热量的美食文章，激发学生对菜品的兴趣。并计划在新菜品发布的那周在校报上刊登文章，邀请读者参加试菜，感受“足不出户”的秘鲁之行。

这种低成本、高效率的营销手段被称为“内容营销”，一般指通过文章、博客、视频或社交媒体来宣传内容，吸引客户。在文章的结尾，萨姆邀请学生们填写自己的姓名，15个人中一人有机会获得餐厅的免费午餐券。

此外，萨姆不仅制作宣传单张贴在校园的各个公告栏，还找了几个朋友在她发布菜品的那一周发放传单。

她的MVP已经就位，几个小时的策划和工作、3个朋友，加上115美元（包括10美元印刷费，以及15张午餐券×每张7美元）就是她推出MVP的所有成本。萨姆准备好向餐厅主管推销自己的创意了。

使用附录的激活创意表格工具来完善你的假设，同时别忘了回顾故事板里的“机遇”“目标”“产品/服务”以及“客户需求”，反思“我准备向市场投放什么？会有客户感兴趣吗？我怎样吸引客户？他们会为这项产品/服务买单吗”，回答这些问题有助于构建你的假设。

一旦你的假设成形，就可以对这些假设展开测试，从客户处搜集反馈，并不断完善你的商业理念。

开展实验

想要验证你的假设可以继续还是要被推翻，你需要开展几次实验，让计划的每个部分都经过客户的验证。记住，你唯一需要的就是客户。

我们反复强调：找客户，而不是找资金。客户是维系公司生存和发展的现金流和生命线。

在创建一项新的事业时，你可能会遇到两个最大的难题："怎样找到我的第一个客户"以及"如何了解客户需求"。

怎样找到我的第一个客户

答案主要包括以下三方面：

1. 回过头来问自己，你是谁，你的信念和价值是什么，你认为谁会使用你的产品和服务。例如，萨姆看到像她一样的住宿生渴望更好的用餐选择，这些人就是她的客户。虽然她可以通过其他渠道推销自己的菜谱，比如卖给当地的餐厅或者在YouTube视频网站上传视频。但她还是决定卖给学生，因为这是她的信念——让学生们享受到更健康美味的食物。

2. 发现第一个客户的另一种方式就是运用你的工作经历或与类似产品相关的经历。萨姆和朋友们分享过她烹饪的菜品，知道他们喜欢她的菜。她和同学们的经历使她自然而然地把学生作为第一个客户群体。斯蒂芬妮·布里德洛夫因为自己在合法支付保姆薪酬的过程中遇到的困难而发现了自己的第一批客户——处于同样境况的其他家庭。

3. 最后，问问自己："谁会对我的产品或服务感兴趣？"教授、同龄人、朋友、你的董事会成员或社交圈里的某个人——他们之中会有人成为你的第一个客户吗？把你的第一个客户视为战略合作伙伴，经常保持联系，培养信任的关系。研究显示，与第一个客户的不断交流能够带来产品的提升、关键的市场信息，以及对于产品或服务的新创意。

如何了解客户需求

了解客户需求的唯一途径就是走出去把产品卖给潜在客户。

非常成功的创建者们从不把时间和资源浪费在开发完美的产品或服务上，也从不花钱做市场调研或其他的营销活动，他们会直接走出去开始销售。他们在产品完工前就确定了潜在客户。他们的市场调研来源于和客户的面对面交流。倾听来自客户的声音，观察客户的行动——客户如何选购商品或服务，喜欢、讨厌、关注或忽视产品的哪些特点。

从客户身上获取的第一手经验是改进和优化初期产品或服务、寻找其他市场、调整方向的基础，客户的行为也可以用来验证或推翻你的假设。

下面是斯蒂芬妮·布里德洛夫验证假设的几个步骤。布里德洛夫坚持认为住家的看护人员应该得到平等的职业待遇，享受工资单、福利和退休金。因此，她首先联系了介绍住家看护人员的中介，向他们宣传这些机构对住家服务提供者有法律义务。

然后她还为中介机构的客户（雇用看护的家庭）提供免费电话咨询，希望通过定制化的沟通策略赢得客户青睐。她一边做着全职工作，一边进行了两年的“实验”。结果比较乐观，肯定了她的第一个和第二个假设：

√假设1：以人际关系为基础的营销与销售是获取客户的最佳策略。

√假设2：雇用住家看护人员的家庭希望合法支付工作人员的薪酬。

这些积极的反馈给了布里德洛夫很大鼓舞，她开始全职投入到创建和发展自己的事业中。她的定制化电话咨询策略产生了很高的收益，于是她决定拓展服务形式，增加一个全自动的自助服务板块，并不断改进现有产品的质量。同时，她还在服务范围内不断增加如健康保险、工作赔偿金等产品，从而提高公司对客户（雇用住家看护人员的家庭）的价值。

布里德洛夫还拓展了自己的客户群，从只为雇用保姆的家庭（她的首个客户群体）提供人力资源和工资单的服务，拓展到为雇用各种类型住家看护人员的家庭服务。她就是这样将客户从10个家庭，发展到100个、1000个，最终到10万个家庭，同时验证了第三个和第四个假设：

√假设3：客户愿意为定制化的工资单、缴税及劳动法服务支付费用。

√假设4：不限次数的电话咨询服务能提高客户忠诚度，增强客户关系。

斯蒂芬妮·布里德洛夫的激活创意表格：实验

假设	实验	结果	未来
假设1：以人际关系为基础的营销与销售是获取客户的最佳策略	向住家看护人员中介宣传，他们对住家服务提供者有法律义务		
假设2：雇用住家看护人员的家庭希望合法支付工作人员的薪酬	为家庭提供免费电话咨询服务		
假设3：客户愿意为定制化的工资单、缴税及劳动法服务支付费用	增加全自动自助服务和新产品（健康保险和工作赔偿金）		
假设4：不限次数的电话咨询服务能提高客户忠诚度，增强客户关系	为家庭提供不限量的电话咨询服务		

我们记录了布里德洛夫如何从零星的客户拓展到一个更广的市场——雇用各种类型住家服务人员的家庭。首先，她通过自己雇用保姆的经历，选择了第一批目标客户（雇用保姆的家庭），以及营销渠道（中介机构），在锁定目标客户后，

她利用以下途径扩大客户群体：

a）开发新产品（全自动自助服务单元、健康保险、工作赔偿金）。

b）拓宽业务范围，以适应雇用各种类型住家服务人员的不同家庭，例如老年看护、清洁人员、个人助理，以及房地产管理人。

萨姆拜访了餐厅主管，介绍了她的想法和推行客户实验的计划。主管同意让萨姆在校园中心餐厅进行小范围实验。假设1得到了肯定：

√假设1：校园餐厅愿意接纳我的菜谱。

每天有450—500名学生在萨姆进行实验的餐厅用午餐或打包外带。其中一个大型餐台同时提供萨姆的菜品和其他20道主菜。

萨姆观察了客户（学生们）的表现。她注意到有三分之一的学生（500人中的165人）对她的菜品感兴趣，但在驻足的学生中只有10%的学生（165人中的16人）购买了菜品。第一天就获得3%的购买率，也算是一个不错的开始（16/500=3.2%）。购买率代表了最终消费比例，萨姆很受鼓舞。

她不断地搜集信息。在实验的第二周，她发现比起在食堂用餐，大多数学生更喜欢可以迅速外带餐品。有了这个数据的支持，萨姆向餐厅主管建议进行一次分割实验（分割实验是指对比同一个产品或服务的两个版本），来确定哪个更受客户欢迎，下面是萨姆测试的两个版本：

版本1：餐厅内设立一个单独的餐台，将她的菜品和其他20道菜品区别开。

版本2：在餐厅门外设立一个外卖餐台。

在接下来的两周里，萨姆的客户会在产品的两个版本中进行选择。萨姆继续观察客户的表现。购买量明显增加。整体的购买率已经增长到30%，假设2得到了证实：

√假设2：学生们渴望学校提供健康、新鲜和多样化的食物。

餐厅内的餐台比外卖餐台更受欢迎。萨姆和几个学生交流后发现，因为餐厅会在外卖餐台收取少量的服务费，学生们不愿意支付服务费。因此，萨姆无法证实自己的第三个假设：

√假设3：学生愿意为健康、国际化口味的食物付额外的钱。

目前她还没有收集到能够证实假设4的数据：

√假设4：菜品的制作环节中有同学的参与，能够激发学生的忠诚度和满意度。

萨姆的激活创意表格：实验

假设	实验	结果	未来
假设1：校园餐厅愿意接纳我的菜谱	在餐厅投放MVP		
假设2：学生们渴望学校提供健康、新鲜和多样化的食物	营销：菜品宣传文章 口碑营销 第1—2周：发布两道菜品 第3周：设立一个单独的餐台和外卖餐台		
假设3：学生愿意为健康、国际化口味的食物付额外的钱	第3周：外卖餐台		
假设4：菜品的制作环节中有同学的参与，能够激发学生的忠诚度和满意度	为餐厅员工提供咨询和培训		

可以看到，萨姆从真实客户的实验中获取了庞大的信息。哪种食物提供方式更适合忙碌的学生？他们愿意付多少钱？萨姆通过从零资源投放市场的策略，在不到5周的时间里就获取了所有这些信息。萨拉·萨拉瓦蒂将从零资源投放市场原则解释为，创建者用新的方式，以最低的成本将产品投放

市场。

基于获取到的信息，萨姆不断地改善和优化目前的服务，同时也在酝酿新的想法，她的创建之路才刚刚开始。

这套生成假设——通过真实客户开展实验——再次假设——再次开展实验的方法论，教会萨姆如何创建能够实现自己愿景的产品——提供健康、美味，同时满足客户需求的食物。当萨姆的最终版产品准备好时，她已经在校园里培养出一批依靠她的产品解决用餐问题的客户了。

你也可以像萨姆一样向早期使用者提供最初版本的产品或服务，进行实验，关注他们的表现和评价。第一批客户提供的反馈，是你提升产品或服务的关键要素。

使用附录的激活创意表格工具来记录你的实验和心得。这些笔记是你决策过程的档案，你可以不断回顾哪些是有效的，哪些是无效的，从而帮助你成为一个更好的创建者。

评定结果

激活创意过程的关键是要设定量化的、具体的商业结果，以衡量你实验的成功（或失败）。这些指标能够评估你的MVP的整体健康水平，并验证你对以下几点有很好的把握：

- 我了解客户的问题和市场需求。

- 客户认可我的产品或服务的价值（价值假设）。
- 有很大一批客户对我的产品或服务感兴趣（增长假设）。
- 客户愿意购买我的产品或服务，从而使我盈利。

让我们看一下斯蒂芬妮·布里德洛夫的实验结果，布里德洛夫的策略是培养与中介机构的关系，然后通过中介来接触客户（各个家庭）。在创业的前两年，她为125家中介机构提供了培训、咨询，并与他们建立了联系。在这个过程中争取了100多家中介公司的独家伙伴关系，为公司后续几年的巨大增长奠定了基础。

接下来，她提供的定制化、不限量的电话咨询服务取得了丰厚的回报。超过50%的电话销售咨询服务可以每次争取到一位客户。顾客使用她公司产品的时间是其他所有竞争者的两倍。换句话说，中介机构和家庭认可其产品的价值。她的价值假设得到了证实。

她的客户数量从10个家庭增长到10万个家庭。收入也同步从第一年的3000美元，第二年的17000美元（前两年里布里德洛夫还有一份全职工作），增长到第三年的26000美元（作为全职创建者的第一年），5年后的72500美元，10年后的600万美元，以及15年后的1500万美元。

布里德洛夫公司初期的发展验证了她的增长假设。有很大一批客户对她的产品感兴趣，并且愿意买单，从而成就了一家能够盈利的企业，这说明布里德洛夫踩准了市场的痛点。

斯蒂芬妮·布里德洛夫的激活创意表格：结果

假设	实验	结果	未来
假设1：以人际关系为基础的营销与销售是获取客户的最佳策略	向住家看护人员中介宣传，他们对住家服务提供者具有法律义务	在第二年与100多家中介公司建立了独家伙伴关系	
假设2：雇用住家看护人员的家庭希望合法支付工作人员的薪酬	为家庭提供免费电话咨询服务	客户数量迅速增长	
假设3：客户愿意为定制化的工资单、缴税及劳动法服务支付费用	增加全自动自助服务和新产品（健康保险和工作赔偿金）	50%的购买率 收入增长	
假设4：不限次数的电话咨询服务能提高客户忠诚度，增强客户关系	为家庭提供不限量的电话咨询服务	客户使用其产品的时间是竞争者的2倍	

虽然萨姆的首次实验只开展了几周，但她获取了明确且可以量化的结果。第一周，有3%的客户购买了她的产品。在与潜在客户交流的过程中，他们表现出对产品的兴趣，并认可了产品的价值，她正在验证自己的价值假设。

餐厅内的独立餐台和外卖餐台将她的销售额提升到30%，

这说明有新的客户正在发现她的产品，增长潜力是真实的。

萨姆的激活创意表格：结果

假设	实验	结果	未来
假设1：校园餐厅愿意接纳我的菜谱	在餐厅投放MVP	项目被接受	
假设2：学生们渴望学校提供健康、新鲜和多样化的食物	营销：菜品宣传文章	较成功	
	口碑营销	较成功	
	第1—2周：发布两道菜品	第1—2周：3.2%的购买率	
	第3周：设立一个单独的餐台和外卖餐台	第3周：独立餐台的购买率提高到30%	
假设3：学生愿意为健康、国际化口味的食物付额外的钱	第3周：外卖餐台	较低的接受率；不愿意额外付钱	
假设4：菜品的制作环节中有同学的参与，能够激发学生的忠诚度和满意度	为餐厅员工提供咨询和培训	暂时无法判断	

萨姆还有很多实验要做，比如，确定送餐渠道。萨姆正处于创建事业的初期，实验的结果能够指引她的创建之路。也许外卖的想法能够取得成功，如果行不通，她还可以转变

成“从农场到餐桌”的路线，又或者如果她的客户对学习新的文化感兴趣，她可以通过食物、文章或讲座为客户提供不同文化的体验。

在创建的过程中，你可能会走上与最初设想完全不同的道路。一开始你可能只有大概的目标——如何（为客户提供产品的商业模式）为谁（客户）创建什么（产品或服务）。但随着实验的展开，实验的结果可能会改变你的计划，推动你调整策略，或者为你指出一个新的方向。每做一次实验，你就离创建客户真正需要购买的产品或服务（寻找产品/市场定位）更近了一步。

确认你对客户提出的价值假设是创建一个可持续事业的关键环节。一旦在第一批客户身上验证了你的假设，你就可以决定是将产品投入更广的市场，还是对其继续优化。

敢于梦想

如果你已经准备好将产品或服务投入更广的市场，那么你就到达了一个重要的里程碑。此时你已经验证了价值和增长假设，明确了目标客户，为目标客户提供什么，以及如何提供产品或服务。

当你的商业模式得到验证后，你就正式踏上了创建一个可持续事业的道路。而在你继续自己的创建大业时，要做一个敢于梦想的人，不断憧憬未来的发展和规模。

对于斯蒂芬妮·布里德洛夫来说，是时候思考如何拓展客户数量，成为将住家服务业向职业化转变的领导者了。

斯蒂芬妮·布里德洛夫的激活创意表格：未来

假设	实验	结果	未来
假设1：以人际关系为基础的营销与销售是获取客户的最佳策略	向住家看护人员中介宣传，他们对住家服务提供者具有法律义务	在第二年与100多家中介公司建立了独家伙伴关系	在全国范围内发展 成为将住家服务业向职业化转变的领导者
假设2：雇用住家看护人员的家庭希望合法支付工作人员的薪酬	为家庭提供免费电话咨询服务	客户数量迅速增长	
假设3：客户愿意为定制化的工资单、缴税及劳动法服务支付费用	增加全自动自助服务和新产品（健康保险和工作赔偿金）	50%的购买率 收入增长	
假设4：不限次数的电话咨询服务能提高客户忠诚度，增强客户关系	为家庭提供不限量的电话咨询服务	客户使用其产品的时间是竞争者的2倍	

萨姆也有未来的目标——提供递送菜品的新形式，或者创建一个全国的健康中心。

萨姆的激活创意表格：未来

假设	实验	结果	未来
假设1：校园餐厅愿意接纳我的菜谱	在餐厅投放MVP	项目被接受	移动化提供菜品
假设2：学生们渴望学校提供健康、新鲜和多样化的食物	营销：菜品宣传文章 口碑营销 第1—2周：发布两道菜品 第3周：设立一个单独的餐台和外卖餐台	较成功 较成功 第1—2周：3.2%的购买率 第3周：独立餐台的购买率提高到30%	外卖 全国健康中心
假设3：学生愿意为健康、国际化口味的食物付额外的钱	第3周：外卖餐台	较低的接受率；不愿意额外付钱	
假设4：菜品的制作环节中有同学的参与，能够激发学生的忠诚度和满意度	为餐厅员工提供咨询和培训	暂时无法判断	

花时间来思考你的未来，并在激活创意表格的“未来”一栏中写下你的想法。当你全身心投入到打理事业的日常事务时，这些想法可以提醒你不要忘记梦想。

壮大企业的下一步是组建团队。一个优秀的团队可以加速事业的发展，也是成功的关键。

任务清单

① 首先生成假设。回顾你的故事板，思考以下问题："我想要提供什么？是否有潜在客户对我的产品或服务感兴趣？我如何争取客户？"这些问题的答案能够指导你如何生成假设。

② 开展几项实验来验证你的假设。找到第一批用户，确定他们的需求。根据他们的反馈来调整你的产品或服务。然后生成下一批假设，再次验证。不断重复这个过程，直到你打造出一款客户真正愿意买单的产品或服务。

③ 评估结果。可以量化的具体的商业结果能够帮助你验证或推翻自己的假设。

④ 敢于梦想。花时间来思考未来，思考以后的发展和规模。

第四把钥匙：打造团队

在充分了解客户和他们的需求后，是时候组建团队了。

人们往往把孤独创建者的形象浪漫化——经过一系列想象、努力，再加一点运气，最后取得成功。然而这是不现实的。将一个想法转变成产品或服务需要一整套人马的支持，包括亲人、同事、朋友等直接联系人，以及投资者、供应商、导师、员工等更广的圈子里的间接联系人。创建者的社交圈不仅能够为企业带来新的资源，而且不同群体、不同立场、不同知识背景的群体可以带来多种观点和视角。

社交网络中每个人的参与和投入能够帮你塑造最初版本的产品或服务、打开新的市场、拓宽你的社交圈、提升企业应对意外状况和变革的能力。因此我们不难理解，为什么很多研究显示由团队共同创立和管理的企业，比个人创建的公司更容易持续也更成功。

我们将探索如何从天赋的角度组建囊括造雨人、指挥家和专家的全方位团队，也会探讨创建更大范围团队的策略——在团队中加入各个利益相关方和帮助你成功的合作伙伴。

组建你的领导团队

企业中人的因素要比产品、战略或资金更加重要。

问题在于创建者往往会从家人、朋友和同事中选择合伙人和初期的合作伙伴。从与你相似的人中选择团队成员，意味着大家都拥有相似的技能、教育背景、工作等经历，以及年龄、性别、种族、民族等人口学特征。

与和你相近的人共事的确可以减少矛盾，获取社交和情感上的支持，让你更容易获取企业创立之初所需的资源。

但是趋同的团队会使创建者获取的资源受到局限，比如人脉、资金和信息等企业发展的关键要素，从而限制了创建者的发展。尽管趋同性有其优势，但团队的功能多样性（不同的能力或工作经历）和认知多样性（不同的思考和解决问题的方式）才是发展的基础。

让我们共同看一个初创企业团队的案例。几年前阿姆瑞塔和她的伙伴乔丹、布兰卡共同创立了一家名叫量子专家（QuantumPro）的软件公司，开发与金融领域商业情报相关的软件。

和许多初创公司一样，量子专家公司缺乏明确的分工和头衔，团队的成员根据每天的需要来完成工作。布兰卡作为出色的程序员，负责处理所有的技术工作。阿姆瑞塔和乔丹作为通用性的人才，则根据当天的任务量在业务拓展、销售、产品和财务的职责之间转换。

量子专家公司最近获得了第一笔100万美元的投资——证明他们总算得到了市场的认可。除了资金的投入，这名在金融行业小有影响的投资人还带来了大量的人脉和建议。投资人的加盟给这个小型的初创团队带来了挑战。

他们不得不设立由投资人、3名合伙人，以及双方都认可的一位外部人士构成的董事会。董事会是所有业务的最高决策机构。公司还在考虑招聘第一位员工，来处理日益增加的业务量。

投资人正在推动团队建立明确的组织架构和工作分工，是时候明确大家的角色了。

为了更好地了解团队成员的天赋，确定每个人最适合的角色，并找到团队天赋组合的盲点和空白，3名合伙人都完成了盖洛普“创业优势识别器”测试。

量子专家公司团队天赋分布

姓名	阿姆瑞塔	乔丹	布兰卡
角色	造雨人	造雨人	专家
四项最突出天赋	自信 销售 坚韧 冒险	盈利 自信 销售 坚韧	坚韧 授权 创新 关系

团队拥有2名造雨人（特点：自信、注重盈利、说服力、前瞻性、较强的驱动力、较高的“销售”天赋、较高的“关系”天赋、对风险的乐观判断）和一名专家（特点：创造力、独立、坚持、坚韧、重新构想新的可能性、思想家和学习者），但缺少一名指挥家（特点：授权、团队组建者、自我肯定、活力、驱动力、执着于增长、努力工作），让我们仔细分析一下团队的天赋分布图，来明确3名合伙人之间的动态关系。

量子专家公司团队天赋分布图

姓名	阿姆瑞塔	乔丹	布兰卡
角色	造雨人	造雨人	专家
四项最突出天赋	自信 销售 坚韧 冒险	盈利 自信 销售 坚韧	坚韧 授权 创新 关系

从团队的天赋分布图中你能得出什么结论?

我们团队的天赋分布解释了为什么在没有任何外部投资的情况下我们能存活5年：布兰卡提供客户所需，我们两名造雨人寻找客户，我们一块推动着公司前进。

团队最擅长的领域是什么?

我们很擅长销售，这也是我们最大的优势。

团队还存在什么不足?

尽管我们擅长产品开发和销售，但没有合理的分工对未来的发展很不利。我们没有时间也没有能力建立流程、组建团队，并为其他人设定目标，我们需要一个指挥家。

你是否正在解决某一个业务问题? 你将如何运用团队的优势解决问题?

外部投资者为我们带来了资金，也要求我们组建董事会。从天赋分布图来看，我们需要一个在金融业拥有强大人脉的董事会成员。我们需要一个我们产品与公司的拥护者。

你们的团队还需要其他人吗?

我们计划招聘第一位员工，目前正在寻找应聘者的前四项最突出天赋中拥有“创新”和“知识”天赋的人才。布兰卡需要一个得力而有创造性的程序员做助手。

阿姆瑞塔和乔丹的4项最突出天赋有较多的交叉，两人的最突出天赋里都有“自信”“销售”和“坚韧”，而且都是优秀的销售员，具备了强大的信心、说服沟通技巧和坚韧的毅力。但是阿姆瑞塔不具备乔丹所拥有的“盈利”天赋，她可以用风险管理能力来弥补；乔丹缺少对风险的乐观判断，则要用对盈利的聚焦来弥补。

目前为止团队运营良好，坚定的信念让他们拧成一股绳，并用各自的优势进行互补。

阿姆瑞塔首先提出了创办公司的想法，聘请了其他两个人，也是公司的控股人。她认为自己是公司的代言人、造雨人、一个眼光长远的思想家，也是CEO的第一人选。

很明显布兰卡是专家的角色，作为一名天才程序员，她全情投入于开发推动公司前进的技术，与公司的日常管理关联度较低。

鉴于阿姆瑞塔已经担任了造雨人的角色，乔丹在团队中缺少一个明确的定位。有些人也许认为这是一个很大的加分项：两个天赋极高的造雨人共同推动公司的发展和盈利，是有利于企业初创阶段的策略。

然而，盖洛普建议为了避免后续问题的出现，量子专家公司团队应该明确汇报线，区分阿姆瑞塔和乔丹之间的决策和职责。在了解他们二人的优势和专长后，盖洛普建议乔丹专注于财务、法务和产品决策（与产品有关的决策、定价、推广和分销渠道），而阿姆瑞塔更多负责融资、销售和公司在市场中的定位等面向外部的角色。

团队天赋分布图还可以暴露团队天赋中的空白和盲点，例如，团队中缺少指挥家的角色，这个角色对公司的发展和规模扩张十分关键。当被问到这个问题时，阿姆瑞塔和乔丹坦承他们对日常的公司管理毫无兴趣，相对于公司的日常运营，两个人更愿意去拉客户。阿姆瑞塔甚至夸张地说：“如果让我做文案、招聘或者思考怎么理顺流程，还不如让我去自杀。”

也许团结能够推动公司暂时的发展，但他们急需一名指挥家来应对日益增加的业务需求。基于我们的建议，他们计划招聘一个负责运营的人员。

另一个潜在的空白是团队中缺少建立关系的天赋。要想公司继续发展，创始人需要与既拥有金融技术领域深厚知识，又对行业有影响力的人物建立良好的关系。团队中缺少一个能够将产品突破现有销售网络的人。

布兰卡是团队中唯一拥有较高“关系”天赋的人，然而她全身心投入到产品开发中，无暇社交和建立关系；刚刚加入董事会并为公司带来100万美元的投资者是业内名人，却不是产品推动者的合适人选。

因此，创始人决定从现有的人际网络外，聘请一个同时拥有“关系”和“销售”天赋的人作为第五名董事会成员。他们的想法是这名董事会成员既要做产品的推动者，也要能够作为公司和业内大佬联系的桥梁，帮助公司获取关键信息和资源。

通过量子专家公司的案例，你可以思考如何组建自己的领导团队。

无论你已经拥有了一个团队，还是正在寻找新的伙伴，都可以使用附录的团队天赋分布图工具呈现出现有或潜在团队成员的天赋分布情况。

时刻谨记公司的目标，和成功创建者的10项天赋，这也是对创建者这一角色的要求。绝大多数初创企业都只有3—5人的小型团队，如果你的领导团队中缺少某一最突出天赋，你要通过与团队外的人建立合作关系来弥补这一不足。

从天赋的角度来组建团队可以帮助每个成员实现价值最大化。而且它不仅能够明确各个角色的分工，还可以作为团队成员间相互理解的通用语言。

例如，当阿姆瑞塔、乔丹和布兰卡讨论他们面临的困难和近期要做的决策时，由于已经了解了彼此的性格，他们就更容易理解对方的行为和思考方式。对他人情绪的感知能够催生团队成员之间的理解、共鸣、关联和接纳，从而让团队成员拥有心理上的安全感，营造一个鼓励的氛围，让成员可以放心地采取开创性的举措和冒险，而不必担心因为失败受责罚。

在快速成长的团队中，缺乏对乔丹的明确定位对量子专家公司来说是一件比较敏感的事。但是当公司建立起了让员工心理安全的环境，开诚布公地交流公司的需求和每个成员如何最好地为公司服务，可以让乔丹更容易接受他和阿姆瑞塔的角色转变。整个团队正在一起明确职责，分配工作，建立汇报线。这不仅仅是乔丹一个人的问题，每个人都会遇到这样的问题，团队需要用某种方式化解矛盾从而更好地满足公司成长过程中的需求。这个案例很好地诠释了什么是1+1＞2，当团队真正成为一个整体时，其战斗力往往要超过每个成员能力的简单加和。

使用天赋视角来审视团队的另一个好处在于，指出团队的盲点、推动你跳脱出熟悉和相似的关系、寻找“局外人”或多样化的成员来加入团队。新的成员可能会带来公司增长或扩大所需的新知识或新人脉。就像量子专家公司正在引进的这名新的董事会成员，这位新成员需要推动产品销售，在人脉中牵线搭桥，填补团队在“关系”天赋上的空白。

将成员之间的技能和工作经历进行恰当的组合，就可以组建最高效的团队。技能、经历、个性越匹配，团队的表现就越出色。如果每个成员都很优秀，却不能和谐相处，又有什么意义呢？

比如，有一名员工特别优秀，却无法融入团队，这就会影响整个团队的表现。同样地，你可能有一个特别和谐的团队，但成员的技能和背景的多样性不足，这也会对团队表现带来负面影响。团队天赋分布图能够与职能分工（创建者需要达到的要求）完美结合，从而帮助你挑选所需要的天赋和成员。

扩建团队

从零开始创建，这是一个不确定且无法预计的过程。在创建企业时，应对意外状况的途径之一就是培养一个广泛的关系网。

研究显示，成功的创建者普遍会主动采取措施实现跨界社交，建立多元化的人际网络。他们会和客户共同开发产品，和投资者、供应商以及其他战略伙伴组成联盟，来规避不确定因素，获取资源，并将创意投入市场。同时他们也会在自己的个人社交圈（直接联系人）搜索桥梁联系人，即能够带他们与个人社交圈外的人（间接联系人）建立联系的人。

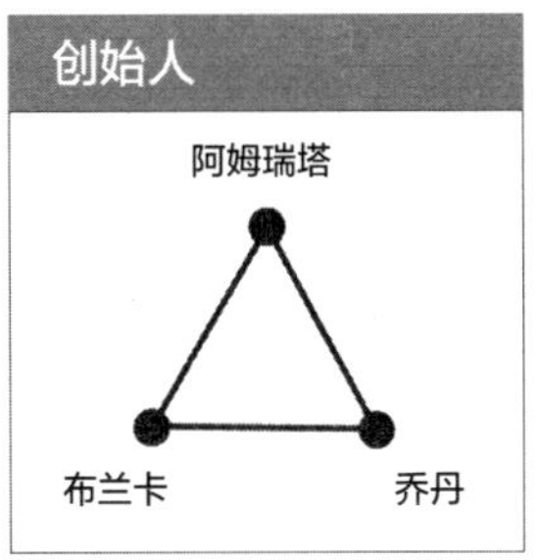

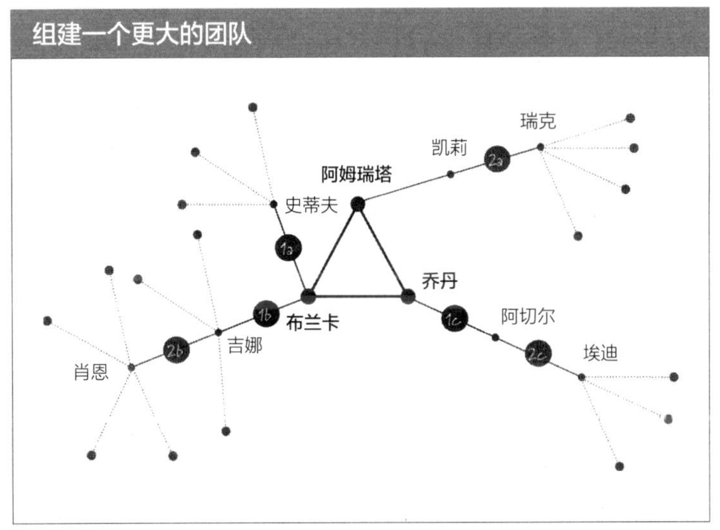

你的扩展团队是由你的直接联系人和间接联系人构成的网络。你的直接联系人——你或你的合伙人认识并密切来往的人——处于关系网络的中心；你的间接联系人——你本人不认识但可以通过桥梁联系人结识的人——处在距离中心稍远一点的位置。一个人距离你的社交网络的中心越远，就需

量子专家公司的扩展团队

紧密程度（直接或间接）	联系	帮助事项	时间计划	结果
直接联系人	1a 布兰卡和史蒂夫	史蒂夫是布兰卡的哥哥，他在大学里负责招聘工作，他将为软件开发师的岗位挑选3位候选人参加面试	下周	在4周内聘请第一位员工（软件开发师）
直接联系人	1b 布兰卡和吉娜	吉娜是布兰卡的大学室友，在一家广告公司工作，和她讨论营销策略及预算	下周一前	敲定营销策略，配置资金
直接联系人	1c 乔丹和阿切尔教授	乔丹的导师阿切尔博士是一名网络理论专家，和他讨论邓巴的数字/网络理论	接下来的2周	优化现有算法
间接联系人	2a 阿姆瑞塔、凯莉和瑞克·里德	阿姆瑞塔的大学室友凯莉引荐了瑞克·里德，他是一名潜在的投资者和金融顾问	3个月	寻找最少100万美元的投资
间接联系人	2b 布兰卡、吉娜和肖恩	吉娜引荐了肖恩，是首席运营官人选	接下来的4周	本月末首席运营官就位
间接联系人	2c 乔丹、阿切尔和埃迪·约翰逊	阿切尔教授引荐了一位董事会成员人选，埃迪·约翰逊是一位行业专家	接下来的3个月	引进第五位董事会成员

要越多的中间人与之建立联系。

首先寻求直接联系人的帮助。家庭成员、朋友、同事或者你个人董事会的成员都可能会成为投资者、伙伴、资助人或员工。这些直接联系人能够提供新的资源、新的想法或仅仅是搭把手。关注你的团队天赋分布图，试着先从个人社交圈入手来填补空缺。

例如，量子专家公司创立者们需要有人帮忙寻找和招聘第一名员工，从而填补他们团队天赋分布图上的空白。布兰卡的哥哥史蒂夫在大学里负责招聘，可以给他们介绍一位程序员。你可以使用附录的扩展团队工具来思考个人社交网络中每个人可以为你提供的帮助。

识别个人社交网络中的桥梁联系人。谁能通过他的个人或工作关系，帮你引荐人、资金或其他你需要的信息和资源？

量子专家公司通过阿姆瑞塔大学室友的个人介绍找到了第一位大投资人。这个室友的介绍拉近了量子专家公司团队和投资人的距离，这位投资人原本处于另一个社交圈，但是有意愿投资金融科技行业。同样的，乔丹请他的大学教授（一个直接联系人）帮他的团队聘用第五位董事会成员，其中教授扮演了桥梁联系人的角色。你可以使用附录的扩展团队工具来寻找社交网络中的桥梁联系人。

增加团队成员。员工、供应商、导师、咨询师、投资人或资助者——都是你需要的人。在组建扩展团队时，要时刻把团队天赋分布图放在首位。

以量子专家公司的投资人为例，他不仅带来了重要的经济资源，还帮助团队管理预算，关注利润率。目前团队中只有乔丹负责财务工作（因为“盈利”是他的4项最突出天赋之一）。投资人正在帮乔丹提高财务水平，让整个团队对财务状况负责，因为这是企业初创阶段得以存活的关键。

量子专家公司创始人还需要一位可以代表他们发声并推广产品的行业专家。为了弥补这个空白，他们正在引进一位新的董事会成员。同时，由于公司的快速发展，他们需要聘请第一位员工，一个可以帮助布兰卡分担工作量的程序员。从他们的团队天赋分布图来看，他们需要招聘一位具备以下天赋的明星程序员：

- **独立**——哪里需要帮哪里的多面手
- **知识**——能够搜集金融业最新技术进展的信息
- **创新**——配合布兰卡进行新产品开发的理想搭档

定期更新团队的天赋分布图，用以评估企业增长所需要的天赋，同时将拥有你需要的天赋和技能的人才补充到团队中。因为多样化的天赋和技能是团队高效运转的基石。

随着队伍的壮大，你还要营造高效的团队文化和氛围。不断向团队阐明你的愿景，建立优先事项，而且要孜孜不倦地进行清晰的沟通，让每个人知道自己在团队中的角色和任务。同时要分享和践行你的核心价值观。

如果你的核心价值是为客户提供最棒的产品，为了实现承诺，你要不断优化和改善产品或服务；如果你的核心价值是让客户参与最大化，那么你要致力于打造产品的参与环节。你的团队会追随你实现梦想。

任务清单

① 通过恰当的技能和天赋组合来组建你的领导团队。使用团队天赋分布图来记录每个人的天赋。

② 找出团队最大的优势和潜在的空缺。构建合作关系以弥补团队天赋组合中存在的盲点或空缺。

③ 在你的个人社交网络中找出能够引荐新的社交圈或资源的桥梁联系人。

④ 打破现有社交圈界限，构建多样化的社交网络。在壮大团队时，时刻把团队的天赋组合情况放在首位。

创建未来

我们在书中分享了一些创建者的故事，比如，查尔斯·施瓦布和斯蒂芬妮·布里德洛夫是已经创建起大公司的成功创业者，而萨姆是刚刚起步的新手。

萨姆已经决定拓展服务范围，在校园里的5个地点提供高品质的外带菜品，满足没时间到餐厅用餐的学生的需求。

她还准备对故事板中第二步的创意进行完善。萨姆最初的想法是，由学生自行挑选新鲜食材，然后现场烹饪，制造一个难忘的体验。但是现场烹饪菜肴既费时间又耗人力，而且学生们根本没那个闲工夫。所以，她的新点子是“半成品外带”，提供一盒新鲜食材和对应的菜谱，学生可以把半成品带回宿舍厨房或校外的住所自行烹饪。

萨姆不仅通过自己在实验中的收获改进了现有的产品或服务、打造新产品，而且还能够扩展客户群体（住在校外的学生），提高客户数量。

通过探索周围机遇，开展实验，提升产品和服务，萨姆已经踏上了通往成功的轨道，迈出了万里征程的第一步。

当然，你也可以像她一样，通过认识自己、探索什么活动或兴趣能够让你产生共鸣，以及你能实现什么，把你的创意变成现实；学习如何发现机遇，并提出你想要解决的问题的最基础版可行方案；通过寻找第一位客户，来测试和验证你的假设。

通过关注团队成员的天赋和技能，组建有坚实基础的领导团队，然后不断地扩大自己的社交网络，这将让你的公司持续发展；接着，你可以考虑招聘第一位员工，建立标准和管理流程，并且定义公司文化。

接下来，你还要花时间来憧憬和梦想；分解长期目标，一步步实施；与顾问和导师保持联系；追随你所崇拜的创建者的轨迹；与能够指导你扫清障碍和填补遗漏环节的专家交谈；阅读教你如何壮大和发展公司规模的图书、文章和网站；不断提升产品和服务，向下一步目标持续前进。以上每一个环节都能够让你离成功更近一步。

也许有人会创建营利性的企业，另一些准备创建社会团体，还有人一边在公司任职一边寻找创建新产品或服务的机遇。无论你的旅程从哪里开始，本书阐述的理论都可以成为你创建一个有潜力、可持续事业的工具。

创建是一段旅程，有工具在手，就能无惧挑战！

那么，正在阅读本书的你准备创建什么呢？

第三部分

成功创建者的10项天赋

自 信

关键特性：

- 了解自己，并能够充分自信地展示自己
- 能够洞察并影响他人
- 行动导向并积极主动
- 坚信自己有能力成为一位成功的创建者

成功的创建者们很少会怀疑自己，相反，他们有很强的自信心，相信自己具备了成功创建者所需要的能力。

你对自己能力的肯定可以帮助你组建团队、在面对不确定和失败时毫不动摇、在遭遇挑战时依然信心十足。你能够发现机遇并主动出击。当其他人因为不断思量机遇的潜在价值、评估环境的复杂性，或者因不确定性望而却步永远停留在分析层面时，你却因为饱满的自信心而果断行动，迅速出击。

你坚信自己有能力掌控生活中的所有事，能有效管理好周围的环境，因为你知道自己一定会取得成功。你的自信似乎有一种魔力，让投资人、客户、员工和潜在合作伙伴对你的能力深信不疑。

作为信心十足的创建者，你在重压之下依然可以游刃有余。你相信挑战越大，回报也就越丰厚，并坚信努力和坚持一定会带来成功。在你眼中，失败的可能性很小。你选择你认为成功概率很高的路径，避免你不太能掌控的情况。别人眼里的风险就是你眼中的机遇，别人看到的障碍和失败，在你看来就是胜利。

此外，作为一个极其自信的创建者，你喜欢拓展知识面。掌握更多的信息会让你发现更大的机遇，规避更多的风险，从而给予你更大的信心做决策，也能够提高成功的概率。

你对自己的创意和实现理想的能力深信不疑，这种坚定能够激励你开发新产品和服务，并将其进行市场化。正是这种与生俱来的强烈自信心激发你不断创新，而正是创新，帮助你的组织生存和发展。

拥有较高“自信”天赋的创建者对未来的发展持乐观假设。事实上，你坚信自己有能力创建一个大型的、成功的，并肩负某种使命的组织。在这样强大的信念支撑下，你会时刻关注未来的动向。同时，你愿意克服困难、不断积累人脉和资金、投资新的创意、扩大整个组织的知识面、吸引人才，以保证你能获得长期的成功。你认为自己有责任保证组织未来的成功。

友情提示：创建者的自信和坚定能够促进组织的发展，但是过度自信则对组织的健康无益。过度自信的创建者有时会低估环境的复杂性，草率做出决策。为了避免对组织造成损失，你可以在决策前放缓步调，花时间考虑各方因素，特别是当组织处于一个环境复杂、局势持续变化的动态产业中。

比如，你认为自己有能力用最少的人力、材料和设备实现公司的发展，低估了需要投入的资源；或者，在没有对竞争情况或市场准入条件进行理性评估，特别是当你进入一个全新的，尚未有人涉足的市场时，就对一个想法或机遇给予大量的投入。

另外，如果你是某个商业或非营利领域的先行者，一定要关注客户需求和接受度、技术问题、供应链的突发状况，以及将产品或服务投放市场的配送体系。留意这些方面能够帮助你预防犯错并减少时间和资源的浪费，也能够提高组织存活和发展的概率。

"自信"天赋的实例：

伯克希尔·哈撒韦公司的董事长兼CEO沃伦·巴菲特："我一定会成为富翁，而且我从没怀疑过这一点。"

戴尔公司的董事长兼CEO迈克尔·戴尔在19岁时告诉

父亲他的人生理想是："和IBM一决高下。"

《引爆点》和《眨眼之间》的作者马尔科姆·格拉德威尔这样解释过度自信："刚起步时，我们往往不相信自己的判断；取得一点小成就后，我们逐步建立自信；当我们最终成为大赢家，就会陷入自以为是的思想圈套；而当我们越年长，经验越丰富时，在面对艰巨而且关系到个人尊严的挑战时，越容易高估自己判断的准确性。"

将"自信"天赋发挥到极致：

1. 提前计划，从而提升自信。认真制订详尽的商业计划、设想多种情境、提前分析和规划所需的资源、设定阶段性目标、准备好应对突发情况。当你对自己取得成功的能力已经足够自信时，周详的计划能够验证和支持你的判断，并帮助你实现目标。

2. 做好功课。尽可能多地搜集参数、流程、法规、竞争对手、价值定位、专利保护和技术要求等信息，为产品或服务进入市场做铺垫。

3. 躲避"速度陷阱"。不要被强烈的自信心和冲动冲昏头脑，不要迫使自己在压力下做决定。当机遇的窗口期开始收紧，逼迫你不得不迅速做出决策时，你一定要停下来，反思你的经验、知识和可能的状况来验证自己的判断。

4. 与周围人探讨眼前的机遇。在讨论中反思自己。尽管你非常自信且能够轻易地影响他人，但周围的人可以帮助你从不同的角度审视当前的机遇。听取不同的声音能够让你对事物有更全面的认识，同时周围的人也可以帮你评估抓住机遇所需要的资源。

5. 避免“小圈子”思维。因为你的自信和强烈的控制欲，周围的人往往不敢挑战你的权威。因此你要向经理、高级总裁、董事会成员和投资人等多个利益相关方征求意见，他们对风险和机遇的不同见解能够帮助你做出合理的决策。

授 权

关键特性：

- 能够委派权力与责任
- 积极主动地与他人合作
- 发现并运用他人的特长
- 帮助团队高效运转，做出贡献

根据企业发展过程中的新形势和新需求，成功的创建者可以迅速做出调整。如果你拥有“授权”天赋，你一定懂得单凭一个人的力量和资源是无法支撑企业快速发展的。

拥有“授权”天赋的创建者能够跳出公司现状看问题。事必躬亲是初创公司的工作模式，随着企业规模的扩大，只有放权才能推动发展。你充分意识到大包大揽于公司无益，不如将某些权力下放，交给其他更适合的人来完成。

掌握了放权这门艺术，你就可以腾出时间，花精力研究那些回报丰厚、促进企业发展的大事了。

你在发展团队能力和授权上很有一套。首先，了解员工的能力和专长，为每个人分配最适合的工作任务。同时，在工作上给予一定的自主决策权，调动员工的主人翁意识和参与感。员工越投入越积极，就越能够自发地优化公司体系，梳理工作流程，进而提高生产率，让公司受益。

简单来说，拥有“授权”天赋的人是优秀管理者，是能给予员工支持的上司。作为管理者，你能够为员工设定清晰的目标、时间、预算和交付物，给予工具和资源保障，提供培训和学习机会，真正关心员工的个人成长，你还会征求员工的想法，重视他们的反馈和专业意见。

不仅如此，你还会鼓励解决问题的新思路和新方法，关注结果而非过程，肯定员工的成绩，营造互相尊重和信任的氛围。有效的授权能够提高员工的忠诚度，鼓舞士气，对公司业绩产生积极影响。

友情提示：要放权，但不要撒手不管。推卸责任只会让工作止步不前。首先，你要设定多个重要时间节点，实时监控，经常与下属沟通，避免代价高昂的错误和突发事件。在工作完成后，无论好坏都要给予反馈。从长远来看，建立一套有效的授权流程，不仅可以培养员工能力，更重要的是可以节省你的时间，让你为公司创造新的机遇。

“授权”天赋的实例：

《财富》杂志前主编卡罗尔·鲁梅斯这样评价沃伦·巴

菲特："只要业绩指标一切正常，巴菲特绝不会干涉日常管理，而是放手让经理人按自己的想法去管理公司。"

伯克希尔·哈撒韦公司副董事长查理·芒格："我们选择了符合自己天性的运营模式，这要求我们花大量的时间思考和学习。很自然，这一做法导致了极度的授权。只要公司里哪件事有人比我和沃伦·巴菲特做得好，我们就会授权。"

Meetup.com网站的CEO和联合创始人斯科特·海佛曼："别总想着大包大揽。分解任务，逐个击破。做你最擅长的部分，剩下的交给其他人去做。每位创始人都应该专注于他最擅长的领域。"

将"授权"天赋发挥到极致：

1. 明确下放哪些权力。把你所有的工作列一张清单。一边过清单，一边问自己两个问题：① 这是公司发展的关键工作吗？② 有没有人比我更擅长做这件事？战略规划、管理重要客户关系、录用人员的决定和机要工作属于关键工作，通常需要你的直接关注。而像会计、法务工作、社交媒体、IT和行政工作往往有人比你更擅长，可以考虑把这些权力下放。

2. 明确对谁下放权力。如果员工具备合适的天赋和技能，你就能够轻松地给他们分配最恰当的工作。根据专业能力来分配任务，而不是简单地把工作交给有时间的人。

3. **花时间做铺垫**。放权的一个主要难点就是要花时间培训合适的人，但时间的投入是值得的。要给员工清晰的指示，也要留出充足的时间去完成工作。

4. **允许员工表现，给予反馈**。要有耐心，拥有“授权”天赋的人善于培养团队能力。通过关注结果来管理过程。为每个项目制定清晰的时间节点，关注每位员工的进度，与他们沟通哪些可行，哪些不可行。当员工学会调整自己的行为时，他们会表现得更好，也能够承担更多的责任。

5. **利用人际关系网络获取实现授权的人力资源**。如果为了控制成本无法雇用新员工，可以尝试通过借用或者资源互换的方式来实现授权。

坚　韧

关键特性：

- 推动目标实现，具备良好的职业道德
- 直面困难，克服障碍
- 坚韧不拔，不会被失败或挫折打倒
- 渴望决策，行动迅速

成功的创建者都有很高的逆商——从逆境中走出来的能力。如果你拥有很高的“坚韧”天赋，相信你能够面对并克服所有不可能跨越的障碍。

在遇到困难时，拥有很高的“坚韧”天赋的创建者不会轻言放弃，也不会因为延误和困难而沮丧。你的不屈不挠、坚韧不拔，让你能够从挫折和失败中站起来。不管是项目失败，产品不能顺利发布，还是新公司遭遇了灭顶之灾，你都知道如何重整旗鼓，从头再来。你坚信只要加倍努力就能够战胜一切障碍。

你相信自己有能力控制局面，你非常积极地采取行动，化逆境为机遇。在遇到困难时，你非但不会被沮丧和愤怒所淹没，反而能透过眼前的阻碍看到更美好的未来。你的乐观能够帮助组织实现最终目标。

你对自己的选择和行为负责，这种责任心激励着你去行动。你深信遇到挫折和失败是因为你的努力还不够，因此你愿意做任何事来弥补。这迫使你在面对逆境时加倍付出，并尝试新的选择来向前推动。

有较强“坚韧”天赋的创建者会坚守目标。你能够发现机遇，主动采取行动，在遇到困难时依然坚持不懈。你一心求胜，绝不会无功而返。在这种态度的驱动下，无论前路多么坎坷，你都能够完成创业、打入新的市场或非营利领域、开发新的产品或服务。

不仅如此，在巨大的压力和高负荷的工作的情况下，你依然可以精力充沛地应对各种状况。面对挫折和困难，你愈挫愈勇，迎头痛击。你的持续“作战”能力让组织在无数的起起伏伏中依然屹立不倒。

友情提示：坚韧不拔、不屈不挠的创建者容易一条路走到黑。比如，策略失败后仍然坚持，即使项目或产品的结果总是不尽如人意，但只要你认准了就会不断地投入资源。而一旦企业经营不善，或者新产品没有成功发布，你会产生不满、失望或者惋惜的情绪。正因为对成功抱有太高的期望，加上你曾经全情投入，只要结果没有达到预期，难免会感到遗憾。

此外，在经营过程中，你不得不做出一些艰难的决定，例如，解雇员工，为了保护知识产权而起诉竞争对手，与金融业者谈判延迟付款，或者解决与供应商的争端。做这些不愉快的决定会对自我要求极高的创建者产生巨大的伤害。但你要理解，就算投入一百分的努力，也可能无法达成全部的目标。你可以密切关注结果，必要时适当调整策略。

“坚韧”天赋的实例：

美国发明家、商人托马斯·爱迪生：“我没有失败，只是发现了1万条走不通的路。”

维珍集团的创始人理查德·布兰森：“如果你受伤了，舔舔伤口再次出发。如果你已经尽了最大努力，是时候向前看了。”

在被沃伦·巴菲特问到比亚迪如何保持行业领先时，中国充电电池和电动车企比亚迪的创始人、CEO王传福说：“我们永不止步。”

将“坚韧”天赋发挥到极致：

1. 用你的乐观感染合作伙伴、员工和投资人。当别人看到困难时，你却可以看到希望，你的乐观和敬业会激励和带动团队实现更大的目标。

2. 与富有创造力的人合作。与有创造力的人共事能够给你带来活力。而你的一双慧眼可以从众多创意中锁定最好的那个，这种神奇的能力可以帮助你把想法转化成产品或服务。

3. 着眼大局，关注既定目标的进展。这能够让你在创建的航行中逆流而上，并强化你克服逆境的天赋。在执行某个战略时，要设定明确的阶段目标，从而判断该战略是否可行，或需要调整。尽早修正错误，避免损失。

4. 关注产业动向。当你对某个项目或产品过于执着时，可能会忽略市场的变化。你要密切关注新技术、客户群的变化、新的业务模式。必要时，对市场环境的洞悉能够帮助你迅速做出调整。

5. 不要纠结于失败的原因。相反，应该把精力投入下一步行动，挫折和挑战是创建的一部分。不断提升应对逆境的能力，能够让你在遭遇困难时保持乐观，减少沮丧的时间。

6. 以全局视角看待事物。在经营一个组织的过程中，不可避免要做出一些艰难的决定。不要一直把这些不愉快的决策放在心上。依靠你的支持网络——业务或组织的合作伙伴、投资人、导师和家人——来应对这些决策带给你的影响。

7. 反思成功的经验和失败的教训。留出时间思考为什么某个决定可以带来积极的或负面的结果。取其精华，去其糟粕。假以时日，你的能力会越来越全面，做出的决策也会更加有效。

创　新

关键特性：

- 拥有超越现有局限的想象力
- 探索不同路径，寻找解决方案
- 不断为客户设计新的产品或服务
- 脑海里总是涌现出各种灵感
- 好奇心旺盛，具备快速学习的能力

成功的创建者能够透过现状，创造性地假设组织的未来。作为一名破坏者，你注定会把你的组织带上新的航线。

无论是引入新的产品和服务，进入从未涉猎的新市场或非营利领域，或是导入新的技术或生产流程，你都在不断寻找推动组织发展的新思路。你对未知和不熟悉的领域毫无畏惧，总是尝试用新的路径整合资源，为客户提供创新的解决方案。这些创造性的举措重新定义了组织的价值，并让组织与其竞争对手形成差异化。通过引入全新、出人意料的产品，或者开发新的商业模式，你有能力打破现有的市场格局。

破坏者对外部的商业或非营利行业的环境变化非常敏感——比如新的科技、客户或社会需求的变化、行业趋势，或竞争者动向。你不断地评估新的可能性，调整对未来的预期，酝酿新的行动方案来实现目标。新的信息、新的机遇和新的行动方案之间的无限循环能够帮助你创办新的事业或发展现有的事业。

作为破坏者，你的动作非常迅速。你能够抓住机遇成为行业中第一批试水的人。你拥有一种特殊的才能，可以把某个想法迅速转变成可以盈利的产品或服务，或怀揣着一个使命，让你在竞争中一路领先。此外，你的主动出击不仅为企业赚取了丰厚的收益，还能够打响品牌，抢先占有市场份额。

拥有较高“创新”天赋的创建者不愿意墨守成规，向行业传统或规矩妥协。拒绝受困于既定事实、官僚主义体制或商业潜规则。你喜欢在现有组织框架外自主工作，更自由地思考和创造。

你不断地挑战极限，总是在实践中鉴定一个想法的优劣。正是这种在不确定的情况下勇于实践的能力，让你有可能找到通往成功的创新之路。

友情提示：破坏者都是独立的灵魂，喜欢自主工作，但是实践想法的过程需要团队协作。缺乏与团队的沟通，或者与现有管理机制太过脱节，不利于将新产品或服务融入到现有组织之中。要向团队清晰地传达你的想法和策略。分享可以促进产品或服务的成功发布。

此外，当你取得成功和增长时，你可能会落入“在位者惰性”的陷阱。不要因为取得成绩而自满，要保持曾经让你拥有创新能力的组织灵活性。保持对客户需求变化、技术革新、商业或非营利行业环境转变的关注。记住，源源不断的新信息和知识是创新的动力。

不要急于开启新想法。“创新”天赋可能会导致你同时尝试和开启多个想法，但摊子铺得太大，缺乏焦点可能会降低成功的概率。要时刻把核心业务或者组织的主要使命放在首位。

“创新”天赋的实例：

亚马逊网站的创始人兼CEO杰夫·贝索斯：“如果每年的实验数量翻一倍，那么你的创造力也要翻倍。创造的关键在于既要坚持，也要灵活，二者需达到平衡。如果缺少坚持，你很快就会放弃实验；但如果不够灵活，不撞南墙不回头，也无法发现问题的另一种解决办法。”

雅虎的前总裁兼CEO，以及谷歌搜索产品的前副总裁玛丽莎·梅耶尔：“谷歌的做事方式就是在谷歌实验室进行早期发布，然后更新迭代，了解市场需求，最终使其成为伟大的产品。这种实验方法的妙处在于，你永远不会背离市场需求，因为市场会把你拉回来。”

戴森的创始人和设计工程师詹姆斯·戴森：“我们都在探索的魔法公式其实很简单：创造力+迭代=创新。”

将“创新”天赋发挥到极致：

1. 平衡现在和未来的客户需求。人们容易被日常管理事务困住，优先满足眼前的客户期望。给自己安排出一些时间，抛开现状，放飞想象，设想客户未来的需求。这能够帮助你未雨绸缪，保持竞争优势。

2. 采用一定的标准来评估创意。在衡量一个想法是否要付诸实践时，可以问问自己，“怎么评估呢？”仔细审视这个想法，试图找出执行过程中可能会冒出来的问题。如果结果显示这个项目不可行，就要调整或放弃眼前的想法，考虑其他的。

3. 逐步发布产品或服务，将风险降到最低。实施新想法是有风险的。关键在于迭代。首先发布一个版本，搜集客户反馈，做出必要的调整，再次测试。利用这种低成本的方式，可以将新颖的创意转化成产品或服务，并将负面影响降到最低。

4. 保持扁平化的组织架构。管理层级越少，你和团队之间的信息流越畅通。扁平化的组织架构也能够鼓励员工更多地参与到创意的实施中，激发员工的创造力，使员工执行更加迅速，对新想法更加理解。

5. **兼顾效率与创造性**。质量管理或六西格玛等过程管理技巧，虽然可以提高组织的效率和生产力，却会降低创造的能力。不要让提升效率的方法成为探索新想法的绊脚石。培育你天生的“创新”天赋。在提高运营效率的同时，也要继续对新想法进行投资。

6. **调动资源为创新充电**。创新的成功和市场的突破依赖两件事：激发创造力的多样化体验，以及驱动创新过程的资源。动用你现有的人脉，或者建立新的内外部联盟来推动创新，并获取共享资源。

7. **从失败中学习**。即使精心设计的产品不幸失败，这也是一个千载难逢的学习机会，千万不要错过。做一次复盘，理清过程，用学到的内容来充实你的知识库。在你畅想未来时，“智慧型失败”案例能够教会你哪些陷阱需要规避。

独 立

关键特性：

- 靠自己完成任务
- 有强烈的责任感
- 能够成功地处理多项任务
- 果断，在组织经营的各个方面都有很强的能力

成功的创建者坚信他们可以靠自己的力量把一个想法从概念变成产品或服务。如果你拥有很高的"独立"天赋，你会认为自己是个多面手，可以单枪匹马地创办和经营一个组织。

拥有"独立"天赋的创建者喜欢创业。你的多任务处理能力和极强的责任感是你独立创业的基础。从发现机遇、搜集资源，到搭建人脉和执行策略，你都能够完成。你的自立极大地提升了初创组织的存活概率。

作为高度独立的创建者，你会自觉地设定目标，然后采取行动去实现。你对成功有很高的预期，带动你想出实现理想的具体策略。你坚信你的行动决定了组织的命运，因此特别有动力。这种积极的态度是你作为创建者获得早期成功的

秘诀。

你积极获得有形资源——不动产、工作场地、沟通的基础设备或营销材料等，以及品牌名称、技术能力、公司流程、客户关系或组织文化等无形的资源，来开创和发展一家新企业。为了保证企业高效运转，你能够娴熟地将这些资源最大化。

你全情投入于你的组织。创业是一件耗费精力的差事，但相比你饱满的热情和超强的能力来说，这点辛苦不值一提。是你的倾力付出让你新的组织能够生存并取得成功。

独立

应对未知与不确定性可以激发你的斗志。成立初期的组织充满了不确定性与日常挑战。拥有快速思考和行动能力的你总是可以创造性地解决复杂问题。同时，思维敏捷又让你能够根据需求迅速调整商业计划、产品或服务、客户群、资源需求、执行策略。

友情提示：创业阶段资源有限，“独立”是将创意孵化成产品/服务的关键素质。但是随着组织的壮大，自给自足和大包大揽显然已经落伍了。凡事都靠自己的创建者虽然可以把事情做好，却忽略了哪些才是对组织最有价值的事情。另外，每天20个小时连轴转，等待你的可能是崩溃和满盘皆输。

当组织的规模逐渐扩大，你自己一人做所有的事情是不可能的。可以形成一个流程与体系，来处理重复性的工作。同时招聘和培训员工，来转移一部分职责。但要随时关注进展，保证一切按部就班地推进。保证人员称职、流程到位，即使不用事事亲力亲为，你也能将公司牢牢掌握在自己手中。

“独立”天赋的实例：

莫娜·辛普森这样评价她的哥哥——苹果公司的联合创始人、董事长兼CEO史蒂夫·乔布斯（1955—2011）：“他从不因努力而羞愧，无论结果好坏。”

Parse.ly（一家数据分析初创公司）**的联合创始人、CEO萨钦·卡姆达**：“随着公司的发展，CEO的角色几乎每个月都有变化……某一天，你可能是财务经理，第二天你变成了销售员，再过一天你是负责招聘的人力，接下来又变成了市场营销人员。做CEO绝对是一个挑战，不仅要处理公司方方面面的事务，还要学会管理自己和安排时间。”

Youtube的联合创始人、前任CEO查德·赫利：“当你开始创建某个产品，不要认为自己知道一切的答案。时刻准备好去调整。也许你已经有了一个产品的初步想法，但还要观察你和周围的人是如何使用这个产品的。不要害怕中途调整方向。”

将“独立”天赋发挥到极致：

1. **做好长期计划，不忘主要目标**。如果你全身心投入到当下的事务，的确可以保证组织目前的生存，却也容易被日常琐事缠身。为了确保最终的成功和组织的延续，短期目标要与长期目标保持一致。在开始阶段为了保证公司在正确的轨道上前进，你要制定清晰的标准，同时牢记创业的初衷。

2. **做好快速调整的准备**。时刻关注竞争对手、目标客户、技术、行业法规以及商业或非营利组织的环境。你了解得越多，就能越快地根据情况做出调整。

独立

3. **形成战略联盟和多元化的人脉网络**。虽然你天生喜欢独立，但有了人脉的支持，创业初期所需的资源才更有保障——毕竟有些资源不是直接掌握在你手上的。此外，你交往的圈子越广，你的新产品、服务或理念抵达更广受众群体的可能性也就越大。

4. **避免一叶障目**。不要过分迷恋自己的想法或产品，要对将要推广到市场上的产品或服务保持理性和客观。评估市场需求，了解竞争态势和目标客户。你的产品、服务或理念一定要与客户需求保持一致。

5. **招聘满足公司发展需求的员工**。随着公司规模扩大，产品种类多样化，你必须做到放权。一定要招聘天赋和能力符合公司情况的员工，把你从琐事中解放出来，让你可以投身到有助于组织发展的事务中。

知 识

关键特性：

- 主动获取组织发展各方面的详细信息
- 把知识作为一项竞争力
- 对组织全情投入，非常执着于你的事业
- 预测到对知识的需求，并能很好地运用知识

成功的创建者们对自己的事业非常执着，渴望深入了解其方方面面的信息。如果你拥有较高的“知识”天赋，你会不断搜寻新的信息和经验，在极其复杂的商业环境中为公司指明方向。

组织的创立和发展绝非易事，它对创建者提出了各种要求：描绘行业态势，了解自己提供的产品和服务，融资，管理员工和客户，参与全球竞争。你生来就懂得知识的价值，你会运用广泛的知识分析复杂的商业环境，解决问题，挑选最佳行动路径，保持领先。

拥有较高的“知识”天赋，代表创建者会不断充实自己的知识库，使之成为进入新市场，或者提高现有市场竞争力的秘密武器。你会搜集庞大的信息，把每个新消息、新数据

和新的经验存储在大脑的图书馆里。你反复问自己，“这个信息对我的组织意味着什么？”其他人可能会忽略这些信息，你却因为长期的积淀提高了发现和开拓新领域的概率。

而且当市场上还没出现某些产品、服务或理念时，你就能感知到潜在的需求。就像亨利·福特用批量生产颠覆汽车市场，史蒂夫·乔布斯用iPad搅乱传统个人电脑行业，你能够系统性地将知识应用到破坏式的革新上。

你还用百科全书式的“知识”天赋让自己不受到竞争的不利影响，这让你获得宝贵的市场份额并保持盈利。例如，学习知识产权法来阻止竞争对手的模仿。或者极力获取关于新的生产流程、技术、服务或商业模式的信息来提高竞争优势。

拥有较高“知识”天赋的创建者能够有效地评估和管理风险。创建者有时不得不在信息不完备、环境极其复杂的情况下做决定，承担一定的风险。搜集和处理信息的能力让你对形势有一个更加清晰的认识。无论你是必须做出关于一个新产品或服务的决策，实行新的营销策略，引进新的生产流程，还是满足一个迫切的社会需求，你都清楚你面前的选择会带来什么后果。你会计算每个选择带来的风险，并挑选出最佳路径。

你对客户需求独具慧眼，当你不断搜集行业动态的信息时，你能迅速识别客户行为的趋势，有效分配组织资源，迎合客户新的期望。这个行为将能使你的客户变成粉丝，让你的商业组织产生更高的收益，或者让你的非营利组织拥有更高的支持率。

简言之，“知识”天赋意味着活到老学到老。这种吸收知识和信息的能力提高了组织生存和发展的概率。

友情提示：“知识”天赋越高的人好奇心也越强，往往衍生出过多的新想法和新见解。有时过于迅速地从一个想法跳到另一个，会让员工和客户不知所措。结果是整个团队不停地调整方向，制定相应的策略，可能会影响日常决策的进度。

知识

关键是分辨哪些想法能够真正改善组织的经营，而哪些是无用的。挑选那些有利于组织发展、能够为客户增加价值的想法。在还没收到反馈的前提下，避免对每个想法逐一实施。

“知识”天赋的实例：

大型族谱网站Ancestry.com的创始人保罗·B. 艾伦：“我读遍了与网络公司相关的文章、报道和案例分析；翻遍了《行业标准》《红鲱鱼》《商业2.0》《连线》《上面》和其他互联网刊物上的每一期；通读了《木星通讯》和其他领先的股市分析师的报告；参加了十多次行业会议和活动。我用一个简单的问题来过滤所有的信息和想法：‘它适用于族谱学和家庭的需求吗？’在这个飞速发展的环境下，正是对学习和实验的渴望，让我们成为族谱网站的全球领导者。”

伯克希尔·哈撒韦信托公司的总裁迈克尔·高登伯格这样评价沃伦·巴菲特："他总是在验证他听到的消息：‘这个信息是不是前后矛盾？是不是错的？’他大脑里有一套自己的体系，可以将新的信息与已知的情报进行对比，然后他会问，‘这对伯克希尔意味着什么？’就是这样。"

施滕纳投资伙伴公司的创始人塞恩·施滕纳这样评价成功的创建者："虽然每个成功者的故事和道路不尽相同，但似乎可以从中找到一个共同的脉络。这个共同点就是天生的求知欲。他们都热爱学习，总是在寻找一个最前沿的见解和更好的解决方案。"

将"知识"天赋发挥到极致：

1. 满足你的旺盛的求知欲——你想知道所有与你的组织相关的信息的渴望。在行业相关的网站、行业刊物、年度报告、时事通讯和社交媒体上阅读新的信息；写下想法和见解并与他人分享；与组织内外的人进行头脑风暴；尽可能多地学习，可以帮助你培养你在组织的不同领域的专业能力。

2. 预留足够的时间思考和学习。把任务委派给其他人，从日常琐事中抽出时间，关注有利于组织发展的事务。

3. 在采取行动前梳理你的见解。你庞大的知识积累可以产生许多想法，但要重点关注对组织发展有实际意义的创意。

4. 听取旁观者的意见。有了强大的知识背景做支撑，你对自己的想法充满了信心。谁最可能挑战你的假设？不妨把想法分享给这样的人，并听取他的反馈。

5. 给员工明确的方向。你强大的学习能力也许会导致组织方向的迅速调整。但经常性的调整可能会让员工感到困惑。你需要制定一份员工能够遵循的路线图。

盈 利

关键特性：

- 以盈利为导向
- 制定清晰的目标，客观评估进度
- 根据每个机遇、人脉或决策对组织的影响来评估它的价值
- 投入时间制定增长战略
- 将员工职责与组织目标挂钩

成功的创建者们都重视数字和金钱。如果你拥有较高的"盈利"天赋，你的主要目标就是赚钱。

拥有较高"盈利"天赋的创建者往往具备敏锐的商业直觉。你凭借着这些敏锐直觉对商品或服务定价，以确保每笔销售都实现盈利。正因为对金钱的重视，你有**很强的成本意识**，密切监控运营成本，你的大小决策都**不忘考虑成本**，你用盈利来评估决策的成功与否。你经常问自己，"这会对我的净收益产生什么影响？"因为重视组织的高效运转，你无法接受因为延迟、走弯路或遇到障碍产生的不必要开支。

你对数据的态度体现了你对数字的喜爱。极高的"盈利"

天赋可以让你从同样的数据中发现其他管理者、合伙人或员工都忽略的独特见解。**数字是你的生命线**。从每周目标会到月度跟踪，再到季度公司总结，话题始终离不开数字。你不仅用数字来衡量公司各方面的表现，而且了解每个数字的来源，以及团队成员的行为会对数字产生什么样的影响。

你一直在考虑公司的长期战略。带着未来的视角，你常向团队成员们描绘几个月甚至几年后公司的蓝图。虽然月度和季度总结非常重要，但你还是会关注驱动公司持续成功的因素，并投入大量时间规划未来。

你会设定月度、季度、年度和十年度的财务及非财务目标。一旦目标设定，你本能地知道该撬动哪些资源，如何分步实施。然后持续监控和评估结果，与行业最佳对标，这能让你对组织的发展状况有一个客观了解。

盈利

然而你不满足于仅仅设定和监测目标，还迈出了关键的一步：让团队全员参与，并帮助他们明白日常工作对指标的影响。作为拥有较高“盈利”天赋的创建者，你本能地将员工安排在最恰当的岗位，将个人目标与公司目标相统一，最大限度地发挥员工的天赋和价值。

友情提示：追求利润最大化的同时，难免会忽略客户。务必要让客户导向成为公司理念的一部分。鼓励团队一边要推动业绩增长，另一边也要提升客户满意度。

在此基础上还要把握团队的士气。关注盈利和成本的公司文化可能会给员工施加巨大的压力，让他们处于高度紧张状态。因此，你要清晰地向员工描绘未来的景象，保证团队昂扬的状态和士气。

同理，别忘了体现出你对员工辛苦付出的重视。无论贡献大小，都要及时给予认可。提高员工忠诚度和参与度，鼓励他们更上一层楼。有了员工的支持，组织就能渡过难关。

“盈利”天赋的实例：

伯克希尔·哈撒韦公司董事长兼CEO沃伦·巴菲特：“每当听说某个公司正在推进降低成本的项目，我就知道这个公司根本不了解什么是成本。在成本方面，突然降低成本是解决不了问题的。对于真正优秀的经理人来说，降低成本就像呼吸一样平常，他不会早上醒来突然决定，‘我今天要削减成本了。’”

谷歌的联合创始人、CEO拉里·佩奇：“我们的目标是收入持续增长和绝对盈利，因此我们一边积极地投资未来的研发，一边严格地控制短期成本。”

微软公司的联合创始人、商界巨头、慈善家、发明家比

尔·盖茨：“沃伦·巴菲特和我最大的乐趣就是用新奇却明显的视角来解读每一个人都能接触到的数据。我们分别在自己的公司一直这样做，不过当我们交流彼此的见解时尤其有意思，且充满启发。”

将“盈利”天赋发挥到极致：

1. **用具体的时间计划和标准来衡量组织的目标**。采用具体的标准来追踪数据，评估组织是否按计划向目标迈进。

2. **仔细地管理时间**。作为创建者，你的时间非常宝贵。首先，把需要你投入全部精力的重要事项整理成一份清单，然后取消和组织或财务目标无关的安排。

3. **写下你的短期和长期愿景，时常翻看**。把你的愿景写下来，并且定期查阅，能够让你保持状态，守住初心。

4. **不断向员工和客户传达你的短期和长期目标**。为了便于理解，你要制定一张清晰的路线图。用案例、故事、行动方案和模型来说明你的战略。让他们和你憧憬同一个明天，拥有同一个梦想。只有获得他们的情感认同，才能携手创造未来。

5. **不要忽略人的因素**。你的决策和对盈利的重视影响着你的员工和客户。记住，和你并肩工作的不是表格和数据，而是人。

6. 为了帮助你制定合理的组织目标，要了解一切你能了解到的关于组织的各方面情况。阅读、了解与你的组织相关的行业期刊与技术突破，和该领域的专家交流。

关 系

关键特性：

- 较强的社交意识
- 吸引并维系一批支持者
- 建立互惠的伙伴关系
- 运用你的“关系”天赋来获取内外部资源
- 与员工和客户建立工作以外的交集
- 开诚布公，态度积极，为人正直，容易赢得信任

成功的创建者具有高超的人际关系技巧，能够建立庞大而多元化的人脉。拥有较高“关系”天赋的人生来就知道，运作一个成功的组织需要集体智慧，也要与一群人打交道：供应商、潜在投资人、员工、客户、合作伙伴、竞争对手、政府官员，还有媒体人。

拥有较高“关系”天赋的创建者把自己的特长运用在两个方面：通过社交纽带为组织获取关键资源（财务或非财务的）；通过人际网络获取信息、分享经验、交流想法、集中专业特长、获得相互支持、保持干劲儿，从而增加组织生存和成功的可能性。

你生来就知道怎样影响客户、员工和供应商等关键人物。你有很强的亲和力，能把握每个人的喜好，准确定位客户需求，并通过建立情感纽带，为品牌赢得信任和支持，留住最重要的客户，从而争取市场份额。

同理，“关系”天赋较高的创建者用情感纽带把员工绑在一起，营造出为目标共同奋斗的工作氛围。你的乐观和正直让员工充分信任你，忠诚于你，激励他们更加投入自己的角色。

你的社交能力帮助你与供应商建立互信。双方合作不仅限于合同的约定，而是建立长期的关系。你将供应商视为伙伴，投之以公平和信任。你不仅对供应商提出各种要求，包括清晰的产品或服务需求，挑战性的降低成本的目标，有竞争力的价格，更展现出了共同抵御未知风险的担当，这让你能够与合作伙伴维系长久的关系。

你的真诚和自信帮助你为组织获得融资。你能够清晰地描述组织的前景，以及将想法变成现实所需要的资源。这种自信和正直赢得了投资者的信赖，周围的人的支持也往往超出你的预期。

强大的社交能力可以帮助你从社交圈汲取信息。你知道自己什么时候，要从哪里获取什么信息。你也会和行业内外的人分享经验，交流想法，建立新的联系。这种互动可以帮助你发现新技术、市场、流程，并可能产生新的合作机会，所有这些对于你的组织的发展都至关重要。

有了深厚和广泛的人脉做支持，你更有信心冒险，尝新，也能承受一定的损失和失败。虽然失败会对你的财务和心理造成双重打击，但坚实的人脉能提供强大的情感支持，帮你重塑信心，平复失败的伤痛，化解孤独感，激发新的事业和创意的灵感。

友情提示：人际关系是把双刃剑，既能促进组织的发展，也可能成为一道阻力，要留意以下三件事：

• 越大并不一定越好。对成功的创建者来说，并不是交际圈越大就越好。要选择性地建立人脉，用你的聪明才智确定你需要从哪些人身上获取什么资源来保障组织的发展。

• 在人际关系上过多的投入，可能会占用你思考组织发展的时间。要明智地投入时间。

• 有时，强大的人际网络会将新的人和新的思想挡在门外，阻隔了外界的新鲜“空气”。就像实物资本会不断贬值，社交资本也会过时、停滞，因此需要定期的维护和投资。当组织调整发展方向时，你要巩固有用的人脉，淘汰陈旧、不能带来产出的关系，或者建立新的关系。记住，将新的元素引入人际网络可以带来新的经验和积极的改变。

“关系”天赋的实例：

营销传播和广告公司GSD&M的董事长、CEO和联合创始人罗伊·斯宾塞：“要想做成一项长期有意义、快乐、有趣、成功的事业，关键是和互相欣赏的人建立合作关系。我从来不能理解‘不要和朋友做生意’这句话。我喜欢和那些热爱做成一番事业，并且能够通过改变世界而赚钱的人建立关系。”

律师出身的技术领袖、连续创建者大卫·布莱德福德：“我想象不到还有什么事比社交更有趣。商业是人造就的，就这么简单。”

将“关系”天赋发挥到极致：

1. **将人脉多元化**。在你的垂直关系（你最亲近最了解的人群）外，培养你的水平交际圈（比如竞争对手、客户和供应商），以及横向交际圈（不相关企业的创建者、业外人士，比如媒体人或政府机构的人员）。

2. **共赢才是巩固关系的基础**。提供帮助，相互引荐，或者分享行业信息。别人也会在你需要时伸出援手。

3. 有选择性地投入时间。要把时间花在你最重要的客户、产出最高的员工，以及能为组织带来重大突破的人身上。这些关系能够产生即时的或长期的回报。

4. 理解现有的社交圈。关注你工作、生活的圈子中现有的纽带、忠诚度和人脉。发掘这个圈子里的规则、价值观和偏好。这有助于你建立一个持久高效，并能将组织利益最大化的社交网络。

5. 利用你的时间、品牌与资源处理社交相关的问题。建立一个支持者的群体——与你拥有共同信念、利益和志向的人，这包括你的客户和员工。和他们一同面对社交相关的问题，能够将他们转变为组织的积极支持者，使他们变成你最强大的盟军。

6. 定期更新和重塑你的社交圈。对组织有关键影响并且经常联系的人可以归入有效交际圈，你需要仔细地经营这些关系。而另一些随着时间推移影响力逐渐减弱的人可以放进休眠交际圈。定期清理这个名单。潜在社交圈是指组织未来发展需要的关键人物。要找出和这些人建立联系的策略。

冒 险

关键特性：

- 个性强烈，具有超凡的感召力和自信
- 以饱满的热情应对挑战
- 对风险的判断极其乐观
- 能够在复杂的情况下轻松做出决策
- 用理性的方式进行决策

人们普遍认为成功的创建者都是冒险家，但实际上相反，他们是顶级的风险化解大师。如果你的最突出天赋是“冒险”，那么你本能地知道该如何处理高风险的情况。

在做出一个艰难的决策前，你会从分析的角度，精心地搜集尽可能多的信息，衡量每一个选项，评估任何一个可能的失误。你会用理性的思维过程来代替情绪，这能帮助你克服恐惧。你还会计算成功的概率，决定是否承担风险，比如在新项目上投入资源，引进新的产品或服务，进入新的市场或者投资新的技术。

你应对不确定和风险的秘诀就是不放过任何蛛丝马迹。从追踪以往的业绩，反复咀嚼数字，到情景假设，你找出了风险最低的方案来解决组织的难题。在获取信息上的投入帮助你做出更明智的选择，也让你对结果拥有绝对的自信。一旦确定了选择，你愿意押上所有筹码。也许在局外人看来，这是非常冒险的。但对你来说，这个决策是经过深思熟虑的，并不存在什么风险。

拥有较高“冒险”天赋的创建者热衷于解决问题。你热爱自己的事业并渴望成功，愿意投入大量的时间来解决难题。你用分析的方法解决问题，因此你能够发现规律，将看似不相关的现象结合起来，从而发现机遇，领先一步发现市场空白。

你相信，甚至笃信自己可以掌握公司的命运和未来。这种内在驱动力让你在形势低迷时依然会采取行动，在遇到挫折时迅速更换路线，即便遭遇失败的沉痛打击，你获得成功的决心也丝毫没有减少。

友情提示：一些最突出天赋中有“冒险”天赋的成功创建者容易产生过分自信。极端的自我肯定容易导致创建者高估自己管理风险的能力，低估发布新的或有风险的产品所需要的资本、外界环境中的不确定因素及潜在危机。

过度自信的创建者认为自己从不会犯错，而且一旦决策失误也能转危为安。你可能陷入冲动或不了解情况的冒险，在预测成功方面不那么准确，并且在身犯险境后依然执迷不悟。此外，还会导致“新品饥渴症”——同时投资多个项目，自以为每个都能取得成功，这反而妨害你的核心业务，或者组织的主要使命和目标。

在采取行动前，一定要理性、全面地评估眼前的机遇，向信任的人寻求建议，花时间分析哪些项目是基于组织的核心业务——或者说组织的使命和目标，哪些则会背道而驰。坚持前者，规避后者。

“冒险”天赋的实例：

比尔·盖茨这样评价沃伦·巴菲特：“和其他投资人相比，沃伦的优势并不在精于计算风险。相反，如果在做与不做之间，还需要第二组数字的印证，他就绝不会投资，哪怕是稍微试试水也不行。一定要等到那个绝佳的机遇，他才会出手。”

亚马逊网站的创始人、CEO杰夫·贝索斯：“亚马逊百分之九十多的创新都是递进式的、关键的，而且风险相对更小的。我们知道如何拓宽产品范围、扩张发展地域。虽然这些并不意味着百分百的成功，但至少我们有强大的专业能力和大量的知识。在我们运营的历程中，所有事都是基于量化的分析，而非直觉的判断。”

美国男装电商公司Bonobos的联合创始人、CEO安迪·邓恩："我已经将新品饥渴症从我大脑里移除了。在那之前，我对公司来说既是财富又是威胁。一旦公司计划做一件事，我会同时想到另一件。我无法形容这有多危险，如果创始人都不知道公司该做什么，那么整个公司就更无所适从了。"

将"冒险"天赋发挥到极致：

1. 了解自己知道什么，不知道什么。知道自己知识的局限在哪儿。了解你的世界观中哪些喜好和偏见会影响你对结果的判断。不要根据有限的信息预测结果。在行动前搜集所有相关的信息。

2. 渐进式地冒险。在探索一项新业务、新市场或新产品时，可以分步进行小规模的投资，根据发展过程的不同阶段来评估某个想法，从而将风险降到最低。你还可以做一次试验，投放样品，测试市场反应，搜集信息，然后再决定是否继续投资或立即放手。

冒险

3. 意识到"确认偏差"的存在。当你极度自信时，会倾向于印证你想法的信息，而忽略推翻你见解的观点。不要让这种偏见影响你的决策。因此，你需要请与你意见相左的人来评估你的创意或概念。不同角度的审视能够更客观地剖析机遇，并能找到成功概率最高的那个。

4. **构建不同的场景来指导决策的过程**。想象未来这件事会如何展开，分析一个项目的不同方向，这些都可以帮助你从不同方向评估结果。一旦你揭示出所有潜在的风险，就很容易做出选择了。

5. **拒绝赌徒心理**。谨慎地、有计划地冒险。在你被一个激动人心的想法冲昏头脑之前，一定要花几周时间冷静下来，再做出是否投资的决定。既可以留出时间计算成功的概率，还能够制定出降低风险的方案。

6. **舍弃无足轻重的项目**。也许你会高估自己同时处理多个项目的能力。和团队一起分析所有的项目。聚焦基于组织核心业务、使命或目标的项目，放弃其他的。

销 售

关键特性：

- 成为组织的代言人
- 高效地说明你的理由并能影响他人
- 向员工和客户传达你对组织的愿景
- 拥有清晰的增长策略

成功的创建者都是公司的品牌大使，对外代表公司的利益。如果你拥有较高的“销售”天赋，你就是公司的代言人。你会抓住每一个机会，表达对公司使命、目标、价值的坚决拥护和支持。

拥有较高“销售”天赋的人，都是**出色的演说家**，生来就知道如何打动听众。具有**强大的说服力**，也是伟大的推销员，能够说服别人接受你的观点。你的坦诚与真实为你赢得了投资人、客户、合作伙伴和员工的信任，进而帮助你开发新的产品和服务，实现公司发展。

“销售”天赋较高的创建者都**擅长讲故事**。通过讲述个人经历，你能够传达公司的核心理念和你的想法，或者推销新产品和新服务；通过分享你对产品或服务的热情和兴奋、迎合听众需求，你与听众之间建立了一种情感纽带。讲故事的本领帮助你拉拢合作伙伴和客户，支持你推进公司的目标。

你通过用心倾听，迅速捕捉客户或社会的需求，然后清晰并极具说服力地表达你的产品、服务或使命是如何满足这些需求的；你的满腔热情，以及你对产品或服务深深的相信与肯定，激发了信任，打动了他们；你的直截了当和乐于分享为你赢得了良好的名声。这些不仅为你争取到了客户，还能保证他们对你的长久支持。

你非常擅长投资对公司有益的人脉，与他们建立密切的联系。比如，让员工对工作注入感情；让投资人或捐赠者为公司发展提供资金；让经销商真正信服你的产品或使命；让客户成为你最好的推销员。你能够培养一批支持者，成为你的产品、服务或使命的代言人。

友情提示：最突出天赋中拥有“销售”天赋的成功创建者往往相信自己的公司、产品、服务或使命能够改变世界。你对自己的创意或产品的热爱，以及渴望它成功的期望让你无法正视它的不完美。尽管讲故事和推广产品或服务对公司的发展起着至关重要的作用，但也要对你推出的产品或服务保持客观的态度。让可以帮助你客观评估情况的可信的顾问在你身边。花时间去打造能真正解决某个组织或社会问题的产品或服务。可靠的产品或服务才能得到客户长久的青睐。

此外，尽管你愿意充当组织的代言人，但也要考虑这样对组织是否有益。诚然，创建者写专栏、博客、在媒体上发声、做演讲有利于提高组织的辨识度。但是组织需要向客户展示其多样化的专家资源，形象过于单一会阻碍组织的壮大。而且，如果一个组织是建立在创始人或老板的个人魅力上，一旦换了个人，客户就不愿意买单了，这样会限制组织的发展。有时，展示多个面孔和声音对组织更加有利。

"销售"天赋的实例：

奥美公司的创始人，被称为"广告之父"的大卫·奥格威："在现代的商业界，除非你能销售你所创造的，否则成为一名很有创意、原创的思考者是无用的。"

曼德雷娱乐集团董事长、CEO彼得·古柏："我在索尼的经验证明，在对的时间，对的地点，用对的方式，面对面地讲述对的故事，可以刺激倾听者采取行动，让演讲者获得成功。"

哈雷戴维森（著名机车品牌）**前北美地区市场总监迪诺·贝尔纳奇：**"我们以'独立集结号'为主题，为拒绝一成不变的哈雷粉丝和骑手举办了一场盛大狂欢。就是为了呼

销售

唤对自我表达和个人自由的终极探索。这场活动全程通过社交媒体报道，只要是热爱哈雷和骑行的骑手，无论来自什么领域，或是全球哪个地点，都可以参加海选。”

将“销售”天赋发挥到极致：

1. **打造优秀的产品或服务**。在设计产品或服务时，一定要考虑客户需求。经过精心筹划的产品和服务才能打动客户，营造品牌效应，不断被推广。

2. **成为专家**。把自己定位成公司产品和服务的专家。用写博客、演讲、写作的方式来传达产品对客户的价值。运用你天生的讲故事天赋来阐述你的产品或服务与众多竞品的差异。你所提供的信息，将让你成为客户眼中值得信赖的专家。

3. **练习讲故事的技巧**。抓住每一个练习的机会，根据听众的反应不断完善你的故事。除了个人经历，还可以加入历史、传说、政治或文学作品中的奇闻轶事，组合成一篇能够帮助你实现组织目标的故事。

4. **利用多种媒体争取最广泛的听众**。除了传统的沟通方式外，你还可以运用推特、脸书、短信和博客等受众最广的媒体。听众的范围越广，播出的种子就越多。

5. **吸引一批产品和服务的拥护者**。有一群热爱你的产品或服务的人能够令公司获益匪浅。你要发现这些人，让他们意识到你的重视。比如，向他们发布产品或服务的最新消息，组织论坛让他们分享观点，通过他们的反馈来提升自己的产品，或者在公司网站上分享他们的故事，举办面对面的交流会和员工互动活动。简言之，就是构建一个粉丝俱乐部。

附　录

工具和资源

创建公司/组织的过程总是充满挑战，为了帮你起步，盖洛普设计了一些工具和资源。有了这些工具，你可以顺利完成认知自我、建立人脉、发现和评估机遇、通过设计最低配置的产品/服务来测试客户反应，并组建高效的团队。

你可以在创业之路上，运用这些工具为每个阶段设定具体的目标，并跟踪进展。有了目标和监控，你就能对自己采取了哪些行动（或没有采取哪些行动）心中有数——这将是你获得成功的关键。

在完成“创业优势识别器”测试后，你可以在我们的网站下载全套可编辑的工具文件。你需要输入书后信封中的专属访问代码，才能进入测试。下面几页提供了这些工具的缩略图和简要描述，供你参考。

真诚希望这些工具能够对你的创建之路有所助益。

自我图示工具

盖洛普

自我图示工具

最突出天赋	共鸣词句	自我图示

描绘你内在的性格地图，从而更好地了解你的天赋、行为和世界观。

第一把钥匙：认知自我

董事会工具

盖洛普

董事会工具

教练　通过帮助我开发个人天赋，来鼓励、激励和帮助我的个人成长

姓名：　亲近度（1—5分）：

沟通的频率：　需要的支持：

导师　在我的感兴趣和向往的领域拥有经验和专长

姓名：　亲近度（1—5分）：

沟通的频率：　需要的支持：

榜样　某个我崇拜的人，他的成就是我努力的目标

姓名：　亲近度（1—5分）：

沟通的频率：　需要的支持：

专家　掌握我所不具备的专业知识或技能

姓名：　亲近度（1—5分）：

沟通的频率：　需要的支持：

可靠的伙伴　能够鼓励我，督促我实现目标

姓名：　亲近度（1—5分）：

沟通的频率：　需要的支持：

互补的伙伴　拥有我不具备的天赋

姓名：　亲近度（1—5分）：

沟通的频率：　需要的支持：

确定你的个人董事会成员，明确你对每个成员的需求：他们扮演的角色、亲近程度，以及需要何种类型的支持。

第一把钥匙：认知自我

目标日志工具

盖洛普
目标日志工具

四大突出天赋
积极体验
未来的计划
与董事会成员的互动

记录积极体验，规划未来，与董事会成员互动，来建立自我认知，记录成功（或失败）的经验。

第一把钥匙：认知自我

机遇日志工具

盖洛普
机遇日志工具

活动/任务	投入程度	学习曲线	表现	说明

通过记录日常活动，为每项活动的投入程度、学习曲线以及表现打分，有利于发现周围的机遇。

第二把钥匙：发现机遇

故事板工具

盖洛普

故事板工具

	创意1	创意2	创意3
机遇			
目标			
产品/服务			
客户需求			
所增加的价值			
资源			
可承担的损失			
成功			

通过明确目标、产品或服务、客户需求、所增加的价值、资源、可承担的损失和成功来分析创意的可行性。

第二把钥匙：发现机遇

激活创意表格工具

盖洛普

激活创意表格工具

假设	实验	结果	未来

通过生成假设、验证假设、从经验中学习，以及运用所学经验这几个阶段的循环，来完善你的产品或服务。

第三把钥匙：让创意变成产品/服务

团队天赋分布图工具

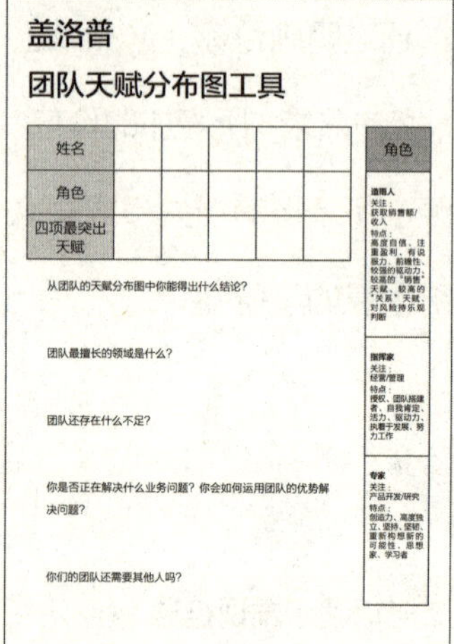
盖洛普

团队天赋分布图工具

姓名					
角色					
四项最突出天赋					

从团队的天赋分布图中你能得出什么结论?

团队最擅长的领域是什么?

团队还存在什么不足?

你是否正在解决什么业务问题?你会如何运用团队的优势解决问题?

你们的团队还需要其他人吗?

角色
造雨人 关注: 获取销售额/收入 特点: 高度自信、注重盈利、有说服力、前瞻性、较强的驱动力、较高的"销售"天赋、较高的"关系"天赋、对风险持乐观判断
指挥家 关注: 经营/管理 特点: 授权、团队搭建者、自我肯定、活力、驱动力、执着于发展、努力工作
专家 关注: 产品开发/研究 特点: 创造力、高度独立、坚持、坚韧、重新构想新的可能性、思想家、学习者

描绘当前或潜在的团队成员的天赋分布情况，明确团队的角色定位、优势和可能缺失的天赋。

第四把钥匙：打造团队

扩展团队工具

盖洛普

扩展团队工具

紧密程度(直接或间接)	联系	帮助事项	时间计划	结果

通过在人际关系中探索，确定谁能够帮你引荐更多人脉、专业知识和资源，来建立更广、更多元化的人际网络，以此满足公司需求，帮助你实现整体目标。

第四把钥匙：打造团队

商业结果

盖洛普发现，每种创建者天赋都会与特定的商业结果挂钩。通过逻辑回归分析法，我们发现了心理环境和商业结果之间的联系。

盖洛普向企业家们采访了如下问题，以了解他们的营业额、增长目标、曾创办过多少公司、员工数量的扩大计划，以及拥有的版权、商标和专利的情况。

问题1：你近期创办的公司当前的营业额是多少美元?

a）低于50000美元

b）50000～250000美元

c）250000～500000美元

d）500000～1000000美元

e）1000000～5000000美元

f）5000000～10000000美元

g）10000000～50000000美元

h）50000000～100000000美元

i）100000000美元及以上

问题2：下列选项中，哪一项最准确地描述了公司未来5年的营业额目标?

a）我想缩小公司规模

b）我想保持公司规模

c）我希望公司规模有一定的增长

d）我希望公司规模有巨大的增长

问题3：你创办的公司共有几家？包括已经不再运营的公司。

a）1

b）2

c）3

d）4

e）5个及以上

问题4：在未来的12个月里，你计划增加（或减少）的员工数量的百分比是多少?

a）计划减少员工数量

b）员工数量保持不变

c）员工数量增加不到5%

d）员工数量增加5%~10%

e）员工数量增加10%以上

问题5：你现在的公司是否掌握任何一项或多项版权、专利或商标?

a）版权

b）商标

c）专利（已取得）

d）正在申请的专利

每个问题包含与公司可持续和发展挂钩的不同选项。例如，问题1的答案中，分为收入小于100万美元和大于100万美元的等级。之所以选择100万美元作为标准，是因为达到100万美元标志着公司基本可以持续地发展。同理，问题2中巨大的增长和其他选项可以很好地说明发展情况。问题3中，如果创建企业的数量为3个或以上，说明是连续创建者。问题4中，雇用员工数量增长超过5%说明该公司能够创造就业机会。最后，问题5的答案中，拥有专利或正在申请专利说明了企业的创新能力。

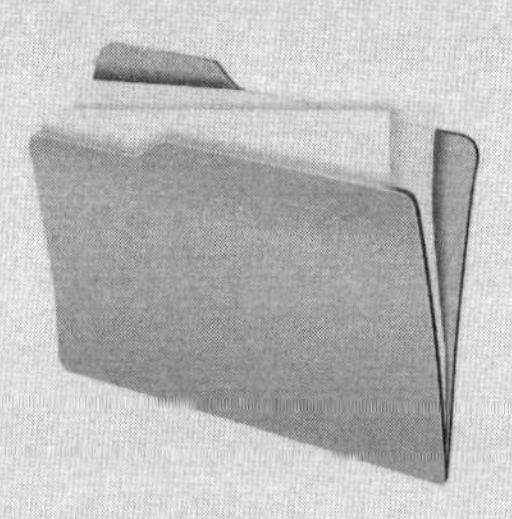

“创业优势识别器”研究方法报告

简　介

盖洛普开发了“创业优势识别器”（BP10）来评估个人的创业天赋。盖洛普的研究者跨越了经济学、心理学和管理学的理论界限，希望了解塑造企业家精神的心理根源。

盖洛普的科学家采用专业标准、通过定性和定量的研究开发了BP10测试。盖洛普的研发成果是结构化、基于网络的一项测评，用以评估创业行为取得成功所需的天赋。本报告描述了BP10测试的开发过程，充分证明了本测试的准确性。

企业家精神心理学：研究回顾

长期以来，关于行业和组织心理学中的个人性格研究，一直将性格变量与组织和领导力表现挂钩。许多研究者将性格特征定义为长期的、在各种情况下都较为稳定的持续性情。在企业家精神领域中，性格特征诠释了相应的创业行为。大量的研究显示在决定公司成功的因素中，企业家对自主、风险、工作和成果的态度，要比获取信贷或场所等因素更加重要。换句话说，一个人的独特性格能够影响他们发现机遇，并最大限度地抓住机遇的能力，而这是其他人无法做到的。那么，哪些性格能够驱使一个人在资源极度稀缺、情况极其不确定时完成创业呢？在企业家做出关系到公司成败的决策时，这些性格会产生何种影响？答案就存在于企业家与生俱来的性格中，是这些性格决定了创业的成功。

研究者们发现了多种性格特征，比如冒险倾向、创造性、解决问题和克服困难、结果导向、自我效能，以及高度的责任感是出色企业家的关键性格。此外，行为经济学家认为有限理性、对概率的天生感知和天生的自我认知是影响企业家决策过程，从而最终决定公司经营成果的关键要素。

盖洛普的研究表明，个人在某一角色中的天赋——即天生具备的胜任某一角色的能力，能够让他以更高的效率和产出完成这项工作，并让他产生更强烈的个人成就感。天赋的概念比性格特征更广，它是性格特征、态度、动力、认知和价值观的合集。盖洛普的研究者运用选择的科学，将某个候选人具备的关键天赋，与某个角色中最成功的人士所具备的典型性格进行对比，从而判断该候选人是否具备了胜任某一角色的天生而可持续的行为方式。其中某些特性决定了该候选人处理日常或工作事务的方式，我们称之为显性特征。这些天赋为后续的发展创造了巨大的空间。我们可以用它来了解他人，并判断其在一定情形下的行为表现。

盖洛普花费了大量精力识别和研究成功人士的特点。此研究重点关注成功的企业家们反复出现的想法、感受或行为——即特定情景下拥有天赋的企业家们不断表现出的特征。经过盖洛普研究者40多年来的定性和定量研究，我们发现在客观评估的前提下，成功人士的表现有别于普通人。BP10指数的开发过程中运用了这些经验和知识。盖洛普运用数据库和资深研究者的经验及专业知识，开发出了这一测评，用以理解杰出企业家特征的模式。

第一部分：工具开发的过程

理论思考

盖洛普研究者开发的BP10指数基于这样的概念基础：首先描述角色的要求，以及满足该要求所需的行为表现，并对能引发该行为表现从而让创业成功的天赋提出假设。下面应用了吉森-阿姆斯特丹模型，展示了个人差异与企业家表现之间的联系。

创业优势识别器：从天赋到商业成功的通道

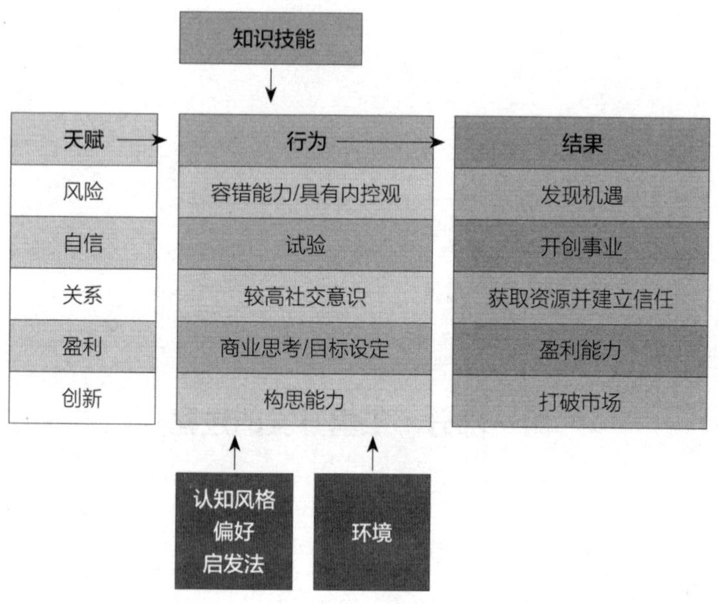

这个调整后的模型表明天赋是如何影响企业家的关键行为，而这些行为满足了岗位要求，并最终决定了企业的创立和成功。因此，判断某人能否胜任某一角色的评估方法，关键在于有效锁定影响关键行为的天赋。当然，创业成果也受到许多其他因素的影响，例如知识/技能、认知风格、偏好、一系列环境因素（行业类型、人生阶段、经济和政治环境、获得信贷等等），但这份报告关注的是企业家的天赋和商业结果直接的关系。

基于上述模型，我们开始了基于天赋的测量的开发。首先要从某一角色，以及胜任该角色的人入手。这两个相互关联的主题成为了定性研究的焦点。定性研究的具体目的包括：

• 通过描述某一角色对个人的要求，来定义一个目标角色

• 阐述为了满足该角色的要求，需要有哪些行为

• 根据不同行为和角色要求的匹配程度，进行从低到高的评级

• 得出可能产生上述行为的天赋构成

工具开发流程概览

BP10测试的研究基础始于20世纪80年代末。当时，盖洛普的研究者们开发了一套创立新公司的流程，并研究了推动创业成功的心理因素。2008年，盖洛普与德国巴登-符腾堡州的自然天赋基金会就区分企业家和非企业家的天赋开展了联合研究。1989年和2008年两次定性研究的成果为今天BP10测试的开发奠定了基础。该测试进一步区分了成功的企业家和不那么成功的企业家之间不同的天赋模型。

BP10测试的开发包括以下几步：

1. 开展定性研究。

2. 设计和实施初步研究。

3. 分析数据，开发最终测试。

开展定性研究

定性研究为BP10测试与企业家的角色之间的联系提供了初步证据。在1989年对美国企业家的研究，以及2008年对德国巴登-符腾堡州的德国企业家的研究中，盖洛普研究者对出色的企业家们开展了系统性的调查，包括对成功运营过企业的企业家进行利益相关方访谈和小组讨论。得到参与者的同意后，对所有访谈和小组讨论（面对面或电话会议）做了记录。在这些讨论中，参与者回答了许多关于工作中的角色和作用的问题。研究者们特别关注了优秀企业家的态度和行为，使用讨论中获取的信息，来发现推动企业家成功的天赋。研究得到了对角色、岗位要求和最初的天赋模型的描述。

2009年，盖洛普的研究者们进行一次综合的文献回顾，进一步优化了天赋模型，为今天的BP10工具的开发做了铺垫。他们进一步发现了成功的企业家和不太成功的企业家之间的区别。为了保证BP10测试的内容更加准确地反映成功的企业家角色，盖洛普的研究者们运用了在内布拉斯加州和德国进行的访谈和小组讨论，以及大量的文献回顾。BP10测试的目的就是发现那些潜在的成功企业家。

定性研究的发现

• 目标角色

“企业家”是指通过创造产品和服务为市场带来经济价值的人。J. A. 蒂蒙斯对企业家精神概念的定义为“创造机遇、把握机遇并利用机遇的过程”。根据这个概念，盖洛普研究者将注意力放在填补市场空白的企业家身上，而不是让企业勉强维持经营的企业家们。尽管创办企业的原因可能较为复杂，博根赫德将企业家分成“机遇驱动”和“需求驱动”两类。其中机遇驱动是指因为利用机遇而选择进入创业领域；需求驱动是指因为没有其他工作而选择了创业。二者在创业行为、发展预期和公司增长上有一定的差异。机遇驱动的企业家希望得到更大的发展，创造更多的就业机会。因此盖洛普主要关注潜在的机遇驱动企业家，而不是需求驱动的企业家。

为了实现为市场创造产品和服务的目标，企业家们必须完成一系列任务和活动，从而创办和发展一家公司。创办公司的过程包括：1）发现因为经济、社会或科技条件变化而出现的机遇；2）积极地追踪这些机遇；3）汇聚创业需要的人力和财务资源；4）制定创造产品或服务的路线图或战略；5）创立新公司；6）最终积极地管理公司。

创业过程的每个阶段都需要企业家完成特定的任务。例如在创业初期，发现机遇后就会引发评估机遇的问题，需要考虑所有的可能性和需要完成的工作，利用人脉来寻找伙伴共同创业。而在设立公司后，积极地管理公司意味着企业家必须预测到所需的员工数量，影响和鼓励他人，与客户或供应商谈判。

对企业家角色的研究显示，成功的企业家表现出了各种满足创业初期角色需求的行为。表1列举了成功的企业家表现出的行为，以及驱动这些行为并最终带来公司创立的成功的内在天赋。尽管下面的表格中将一系列行为归因为一项天赋的驱动，但在现实中，一个行为是由多种天赋共同驱动的。因此表中列举的是驱动某一行为的最突出天赋。

表1　创业行为和天赋

使企业家能满足角色要求的行为	驱动行为的天赋
• 了解自己，即使遭到拒绝，也能自信而充分地展示自己 • 能够洞察他人 • 投资人脉，建立信任 • 能够清晰表达公司在市场中的竞争优势 • 充分发挥员工的个人优势，带动公司发展	自信

续表

使企业家能满足角色要求的行为	驱动行为的天赋
• 个性强烈，具有超凡的感召力和自信 • 以饱满的热情应对挑战 • 对风险的判断极其乐观 • 能够在复杂的情况下轻松做出决策 • 能够很快与客户建立情感联系，更容易理解客户需求，与客户分享新想法，更容易超越客户预期	冒险
• 拥有超越现有局限的想象力 • 探索不同路径，寻找解决方案 • 不断为客户设计新的产品或服务 • 脑海里总是涌现出各种灵感 • 好奇心旺盛，具备快速学习的能力	创新
• 成为公司的代言人，为公司发出清晰与强有力的声音 • 高效地说明你的理由并能影响他人 • 向员工和客户传达公司愿景 • 拥有清晰的增长策略	销售
• 以盈利为导向 • 制定清晰的目标，客观评估进度 • 根据每个机遇、人脉或决策对公司的影响来评估它的价值 • 投入时间制定公司增长战略 • 将员工职责与公司日标挂钩	盈利
• 获取与公司发展相关的信息 • 鞭策自己深入学习与公司相关的各方面信息 • 对公司全情投入，非常执着 • 预测到对知识的需求，并能很好地运用知识	知识
• 靠自己完成任务 • 有强烈的责任感 • 能够成功地处理多项任务 • 果断，在组织经营的各个方面都有很强的能力	独立

续表

使企业家能满足角色要求的行为	驱动行为的天赋
• 推动目标实现，具备良好的职业道德 • 主动发起创立公司的行动 • 渴望决策，行动迅速 • 直面困难，克服障碍 • 坚韧不拔，不会被失败或挫折打倒	坚韧
• 意识到一旦公司壮大，靠一个人的力量不可能完成所有事 • 能够委派权力与责任 • 积极主动地与他人合作 • 发现并运用他人的特长 • 帮助团队高效运转，为公司做出贡献	授权
• 较强的社交意识 • 吸引并维系一批追随者 • 建立互惠的伙伴关系 • 运用你的“关系”天赋来获取内外部资源 • 与员工和客户建立工作以外的交集 • 开诚布公，态度积极，为人正直，容易赢得信任	关系

表1中描述的10项天赋所影响的行为，正是最好地诠释一名成功的企业家角色的行为。个人的天赋和后天能力（技能、知识和经验）影响着他们以何种方式满足角色的要求，以及与要求的匹配度。个人的性情和天赋会带来恰当的行为反应。通常，天赋越强，就越容易胜任该角色。

设计和实施初步研究

利用对成功的企业家基于天赋的描述，盖洛普的研究者们设计了在线测试，来评估天赋模型中的各个特质。初步测试包括113个问题。基于内容的相关性和问题的历史统计特征，研究者们将多项选择和李克特式量表的问题相结合，它们都来自盖洛普的问题库。盖洛普的问题库包含了9000多条盖洛普曾使用过的不同类型的问题。许多问题都是为了挖掘创业天赋而设计的。问题的历史信息是指在以往研究中参与者对每个问题的评价，例如问题的统计特征、问题的答案和衡量结果之间的关系，以及问题的答案与种族、性别和年龄变量之间的联系。

此外，盖洛普的研究者们囊括了一系列关于参与者的商业背景、人口学特点的问题，来保证盖洛普认可的成功企业家得到了合理分组。这些问题包括参与者创立的企业数量、他们曾经的创业成功和失败案例、员工数量、利润情况、销售目标和对未来创业表现的预期。

盖洛普邀请了1736名盖洛普创业小组成员（来自全美的随机代表）参加网上初步研究，验证天赋假设的存在并建立工具。在这些成员中，有1188人认为自己是某家公司的“创始人”，并提供了他们对于问题的有效回答，作为盖洛普的研究样本。

盖洛普的研究者们将注意力放在机遇驱动的企业家身

上。这些企业家创业的主要原因是“在我的领域里出现了一个不错的创业机遇”，“能够独立的机遇”，或“增加收入的机遇”。根据小组成员的创业理由，在这1188名企业创始人中，有905名是机遇驱动的企业家。研究者们将创业理由为“在我的领域里没有合适的工作”的人标记为需求驱动企业家，从样本中排除。

分析数据，开发最终测试

盖洛普研究员通过初步研究中搜集的数据，对每个问题的心理测试性能和测试的整体情况进行了评估。该评估主要包括对以下内容的分析：

- 每个问题以及整体测试的合理性
- 问题特点，例如问题的难度
- 问题的答案、总分和表现变量之间的关系
- 问题的答案与人口学变量之间的关系
- 总分的可信度

通过描述分析和推理分析的方法，盖洛普研究者们研究了哪些问题能够把顶级企业家和其他的企业家做一个显著区分。在前述研究的基础上，这些分析的结果可以为实战研究提供问题的基础。最终的测试工具中的89个问题能够完全覆

盖创业更加成功所需要的天赋。研究者们计算了使用这些问题所得到的总分指数。总分是从0到100之间的一个整数，指测试者可能获得的分数比例。分数越高，说明在某个创业角色中成功的潜力越大。此外，测试中还包括了用来评估企业家所处环境的各种人口学问题、42个不计分的研究性问题，以及9个情境问题。为了提高测试的有效性，我们可以对上述研究性问题和情境问题进行调整。测试具有一定的灵活度，在保证评估创业天赋必备的元素的基础上，测试者平均需要25～30分钟时间来完成作答。

关于测试有效性的证据

有效性是指理论和实验证据都能够支撑我们对测试的推理和行动。有效性也是一个持续的过程，我们要不断开发有力的论据，搜集证据，支撑我们对测试结果的解读。有效性的证据可能来自实验数据、相关文献、专家评判和逻辑分析。

对使用以天赋为基础的结构化测试的支持

已出版的元分析文献

关于广义的和具体的性格特征与商业表现之间联系的研究已出现了自相矛盾的结果。例如，布兰兹塔特没有发现创业者和非创业者在广义特征之间的区别，但发现了情绪稳定性、独立和企业家成功之间的正关联。另外，伍滕与蒂默曼发现对经验的开放性和创业负相关。另一项研究发现对经验的开放性和企业生存之间的负相关，以及尽责和企业生存之间的正相关。尽管在单一研究中的结果是自相矛盾的，但劳赫与弗雷塞的一篇元分析显示广义（r=0.151）和具体（r=0.231）特征与创业成功有着重要的联系。循着这条研究的脉络，盖洛普研究员们开发了现在的BP10测试，来有效地区分企业家与非企业家。

盖洛普元分析

施密特与雷德对盖洛普的107项预测性验证研究进行了元分析，发现盖洛普研究者使用的结构化访谈流程得到的分数，能够预测不同表现的情况，包括销售数据、生产记录、旷工和员工留任情况。一项针对盖洛普选择性测评更近期的元分析（基于386项预测性验证研究，并拓展到语音和网络反馈的范围）再一次显示，盖洛普的选择性测评的方法论能够正面验证不同的职业和职位的结果。BP10测试是用相同的方法论进行开发的，结构化在线测评，能够预测具体的商业结果，例如销售额和利润增长。

初步研究样本的分析和结果

样　本

共有1188名盖洛普小组成员完成了测试。正如之前解释的，盖洛普根据答题情况和创业的理由，从中锁定了905个机遇驱动的企业家。研究员们找到了低水平、中等和高水平表现的企业家的研究样本。分成对比、中等和研究3个样本小组。我们将不同表现变量的评分作为分组的标准。

表2展示了样本中各个表现水平的企业家数量。

表2　机遇驱动的企业家样本

所有受访者	机遇驱动的企业家总数	不同表现的样本数量			
		总数	对比	中等	研究
1188	905	905	301	302	302

本次分析中的公司存续时间有的不足10年，有的超过50年（截至2009年）。表3展示了样本中公司创立时间的分布情况。

表3 公司创立时间分布情况

创立时间	样本数量	所占比例
1959年及以前	2	0.2%
1960—1969	16	1.8%
1970—1979	46	5.1%
1980—1989	141	15.6%
1990—1999	244	27.0%
2000—2009	456	50.4%
总计	905	100%

表4展示了样本中种族、性别和年龄的分布情况。此次研究中所有参与者都使用英语完成测试。

表4 人口学分布

变量	样本数量
种族	
白种人（不含西班牙裔和拉美裔）	825
所有非白色人种（不含西班牙裔和拉美裔）	70
黑种人（不含西班牙裔和拉美裔）	13
西班牙裔或拉美裔	0
美洲原住民（不含西班牙裔和拉美裔）	22
亚裔（不含西班牙裔和拉美裔）	7

续表

变量	样本数量
太平洋岛民（不含西班牙裔和拉美裔）	3
其他	25
种族信息缺失	10
性别	
男性	539
女性	366
年龄	
小于40岁	92
40岁及以上	759
年龄信息缺失	54

指数分数的可信度

在评估的范畴里，可信度是指某一测试过程结果，经过反复实验后依然能维持持续性和稳定性（例如，通过网络完成的选择性评估）。可信度的指标类型有很多，每一种都代表了某一测试过程可能出现的误差。测试误差不同方面的量级可以被描述为评估的标准误差（SEM），与对应的测试类型的可信度直接相关。

内部持续可信度

对评估可开发的研究，是对内部持续可信度的评估。内部持续性的分数越高，说明某项评估能够从测试者获取稳定的答案。盖洛普对测试总分可信度的最低标准是0.70。表5是BP10测试的内部持续可信度的评分情况（克伦巴赫阿尔法系数）。

表5　BP10测试的可信度和描述性统计

指标	问题数量	a	平均值	SD	SEM
BP10	89	0.90	58.02	9.59	3.03

注释：a=克伦巴赫阿尔法系数
SD=标准差
SEM=评估标准误差

确定主要天赋：因素分析

总指数分数是对创业潜力的总体预测。除此之外，研究者们通过因素分析的方法将问题解析成主要的天赋。他们采用了主要成分分析法，因为此次研究的主要目的是发现和计算BP10测试中各个主要天赋的得分。

研究者们根据企业家胜任角色所需要的天赋的理论支撑，定义了一个预设的10项因素结构。使用包含因素矩阵的最大方差法和斜交转轴法，研究员们对10项因素的解决方案进行了考察。两种方法得到了近似的结果。10项因素代表了41%的变化。包含0.30或以上因素的问题被保留了下来。他们还对模型中的因素做了标记，观察因素模式，从而了解哪个问题能够承载较高（0.30或以上）的因素，说明这个问题能够得出关于天赋的结果。大部分的问题能够承载相应的因素（关于自信的9个问题都是关于单一因素的；而全部的风险问题也都是关于单一因素的，等等），从而确定了分析能够得出正确的因素结构。对于不能承载对应因素的问题，研究者们做了微调。总体而言，研究者们设计的天赋概念模型与主要成分分析（PCA）密切吻合，这说明从这些问题中能够得出准确的因素结构的结论。

除了“授权”天赋外，所有的因素都有5个或以上密切相关（0.40及以上）的问题，说明了因素的可信度。研究者们同样用克伦巴赫阿尔法系数检测了每个天赋的内部持续性情况。阿尔法系数为中等水平：除“授权”和“知识”天赋外，全部高于0.50（“授权”天赋的a系数=0.32，“知识”天赋的a系数=0.47）。去掉更多的问题也不会对各个天赋的阿尔法系数有更大的提升。个人天赋不是作为创业成功的独立预测指标。个人天赋评估的目标是为了更好地发展。

接下来，研究者们根据问题包含的每种因素的初始值，计算出了问题的平均值。在此基础上得出了10项天赋中每项天赋的综合分数。某项天赋的分数越高就说明胜任特定角色的可能性越大。

创业天赋代表了企业家创立或壮大公司所需要完成的事。但是天赋的概念非常复杂，不能单独作为衡量创业是否成功的指标。在后续的研究中，我们将聚焦在如何加强每项天赋，通过修改问题，降低其承载因素的分数，或加入新问题。此外，我们还可能会用到确定因素分析和其他潜在的变量模拟技巧，来进一步优化天赋的结构。

表6　天赋分数的可信度和描述性统计结果

天赋	问题数量	a	平均值	SD
自信	9	0.74	65.22	11.69
冒险	12	0.67	50.85	11.48
创新	9	0.67	63.58	14.41
销售	8	0.60	56.27	16.91
盈利	6	0.50	51.80	20.03
知识	6	0.47	66.49	14.52
独立	10	0.60	54.49	14.29
坚韧	14	0.69	69.57	13.57
授权	4	0.32	24.53	24.11
关系	12	0.69	57.79	15.82

注释：a=克伦巴赫阿尔法系数

SD=标准差

重测可信度

重测可信度说明了测试结果在不同时间、不同场合的稳定性。尽管目前盖洛普无法搜集到此类证据，但研究者们对类似测试的分析显示了较高的重测可信度。盖洛普对涉及不同样本和在线测试的研究显示，一般样本数量的测试的重测可信度为0.81。还需要指出的是，BP10指数测量了具有较高特质组成的天赋构成，因此测试结果在某个人的一生中都应该是相对稳定的。

同期的效标关联效度证据

效标关联效度证据表明了测试结果对个人在特定活动中的表现的预测程度。盖洛普通过检测测试结果和相应的角色表现，来搜集效标关联效度的证据。研究者们可以用效标和预测两种方法来搜集证据。

盖洛普通过测试开发研究来搜集同期的效标关联效度的证据，正如本报告中所叙述的。在这些研究中，研究者们在几乎同期的企业家的评估和表现中搜集结果。同期研究展示了评估结果和角色表现之间的必然联系。这种联系进一步支撑了角色和公司情况与评估结果的联系。

表现评估的特性

在效标关联效度的分析中，研究者用作评估标准的表现的质量是至关重要的。用来测评的表现的准确性和质量可以从以下几个层面进行考量：

- 与角色的关键要求一致
- 对商业结果有至关重要的影响
- 反映了不同的表现等级的定义
- 有清晰的定义和计算/过程/量规
- 可以归因到接受评估的个人
- 在不同的测试情况下保持可靠性
- 产生合理的变量，有效区分不同的表现等级
- 可以通过时间和努力进行合理的数据搜集

本分析中使用的关键效度测量是由9个问题构成的，通过这9个问题能够获取企业家目前的盈利和销售表现（问题4—问题9）、未来预期（问题1）、创造就业的潜力（问题2—问题3）。盖洛普研究者们把企业家自己提交的利润和销售情况作为衡量企业表现的指标，是因为从巨大的企业家样本中获取客观数据是难以实现的。为了提供在不同商业结果下更稳定的测试，研究者们设定了一个包含多种变量的单元评估z分数。根据综合得分的情况，分成研究、中等、对比三个组。

问题1：在未来5年里，你希望利润

a）非常高

b）较好

c）持平

问题2：在你最近创办的公司中，员工数量

a）增长了

b）下降了

c）和公司创立时持平

问题3：我希望未来5年里增加至少______个就业机会。

问题4：你最近创办的公司是否达到了2008年的利润目标？

问题5：你最近创办的公司是否达到了2007年的利润目标？

问题6：你最近创办的公司是否达到了2006年的利润目标？

问题7：你最近创办的公司是否达到了2008年的销售目标？

问题8：你最近创办的公司是否达到了2007年的销售目标？

问题9：你最近创办的公司是否达到了2006年的销售目标？

综合得分值在-1.41至2.00之间。小组变量和表现综合得分的相关系数为0.89，统计显著性在0.01等级。这说明研究小组的表现要优于中等小组，中等小组的表现要优于对比组。这种强关联性进一步证明了，BP10测试中效标关联效度的评估方法，即用表现分组的形式来评估创业表现是全面而关键的。

表7　表现综合得分

	问题数量	a	平均值	SD	SEM
表现综合得分	9	0.83	-0.015	0.644	0.265

注释：a=克伦巴赫阿尔法系数
SD=标准差
SEM=评估标准误差

同期的效标关联效度系数

表8展示了在重叠的样本中，BP10测试和综合表现变量已证实到的相关性。天赋和创业成功之间的关联与劳赫和弗雷塞在元分析中发现的关联性等级相似。其中元分析中的r是0.231。

表8　BP10指数分数与表现的关系

	r*	95%可靠区间	
		较低值	较高值
BP10指数（数量=905）	0.26	0.19	0.32

* BP10指数分数和综合表现分数的关联性在0.01等级较为显著（双尾检验）。

表9展示了天赋和综合表现变量间已证实的相关性。

表9 与天赋有关的分数和表现之间的关系

天赋（数量=905）	r*	95%可靠区间	
		较低值	较高值
自信	0.161	0.09	0.22
冒险	0.241	0.17	0.30
创新	0.116	0.05	0.18
销售	0.137	0.07	0.20
盈利	0.199	0.13	0.26
知识	0.130	0.06	0.19
独立	0.172	0.10	0.23
坚韧	0.203	0.13	0.26
授权	0.103	0.03	0.16
关系	0.164	0.09	0.22

* 天赋分数和综合表现分数的关联性在0.01等级较为显著（双尾检验）。

回归分析：天赋与创业表现之间的关系

下面，研究者们进行了层次回归分析，来理解除了公司规模（用二分变量来评估，<10个员工=0，10个或以上员工=1）、以往的创业经验（用创办企业的数量来评估）和标准人口学变量，如年龄和性别外，天赋在诠释创业表现中的独特作用。

表10汇总了层次回归分析的结果。这种方法可以准确地

评估一个新的变量或一组变量，是否可以提高以往变量预测的准确性。

回归模型中的第一组变量包括年龄和性别，第二组变量是创业经验，第三组是公司规模，最后，总指数分数是第四组变量。分析显示每一组变量都极大地增加了模型的说服力。年龄会对创业表现产生较大影响（B=−0.009，t（894）=−4.718，$p<0.01$）。但性别和创业表现的关系并不显著（B=0.059，t（894）=1.348，p=0.178），然而两组变量共同代表了创业表现中2.8%的变量（r=0.028，$p<0.01$）。在模型2中加入创业经验后，对变量的影响比例从2.8%提高到4.2%（r=0.042，$p<0.01$）。经验可以很好地阐述表现（B=0.070，t（893）=3.626，$p<0.01$）。在模型3中，规模的变量又将影响比例从4.2%迅速增加到7.1%（r=0.071，$p<0.01$）。而模型4中，天赋的加入将影响比例一下子从7.1%提高到12.2%（r=0.122，$p<0.01$），是表现的重要预测指标（B=0.016，t（891）=7.160，$p<0.01$）。

表10 回归分析

	B	标准误差	Beta系数	t	显著性
（持续）	0.467	0.113		4.144	0.00
年龄	−0.009	0.002	−0.157	−4.718	0.00
性别	0.059	0.043	0.045	1.348	0.17
经验	0.070	0.019	0.121	3.626	0.00
规模	0.405	0.077	0.173	5.261	0.00
天赋	0.016	0.002	0.235	7.160	0.00

总而言之，天赋在排除了年龄、性别、公司规模和以往经验的变量后，可以对创业表现产生5%的影响。这说明天赋和表现之间有着密切的联系。

为了理解这个结论的实际意义，研究者进行了效用分析。商业影响分析，或效用分析，是展示天赋—表现联系实际价值，即关键经济指标的方式。表11显示，和6%拥有较低天赋的人相比，拥有较高天赋（根据参考分数，见下方说明）的那32%的人，在未来5年中获取较高盈利的可能性要超过平均水平。同理，与23%拥有较低潜力的人相比，拥有较高潜力的40%的人更容易增加就业。而与12%拥有较低天赋的人相比，30%拥有较高潜力的人在未来5年内会创造更多的就业机会。

表11　天赋的效用分析

天赋水平	未来5年获得高盈利的人的比例	自创业以来员工数量增加的人的比例	在未来5年内增加5%及以上就业机会的人的比例
高潜力	32%	40%	30%
中等	21%	30%	27%
低潜力	6%	23%	12%

与以往验证性测试的聚合性

在开发网络测试的过程中，盖洛普还研究了这种测评模式与传统的结构化访谈之间的聚合效应。在近期的研究中，我们发现两种方法有很强的聚合性，加权后的聚合效应系数为0.62。网络模型和结构化访谈的聚合性是非常重要的，因为盖洛普的结构化访谈有着悠久的历史，而且经过了各种标准的验证。较高的聚合效应和可预测的同期效标关联效度证据，可以共同证明在线创业天赋测试的准确性。

参考分数

在完成BP10测试后，研究者们设定了一个参考分数，用来区分更容易胜任企业家角色的人，以及需要策略的支持才能完成创立或壮大企业的人。创业角色中的“成功”的定义是指能够创立可持续的，具有较高增长潜力的企业。

研究者们根据对同期有效样本的分析得出了参考分数，并从分数与工作表现的关系对其进行了评估。这样，得到参考分数推荐的人比没有推荐的人更有可能取得成功。

表12展示了参考分数、对应的分类和平均表现分数的结果。

表12　根据参考分数划分的平均表现

分类	参考分数	平均表现分数
高潜力	75及以上	0.34
中等	65—74	0.17
低潜力	0—64	-0.09

高潜力：个人所持续展现出的行为，让他们有效地达到角色要求，他们展现出了角色需要的特殊才能和天赋。

中等：个人能够达到一定数量的高层次要求。但是，需要格外关注角色的要求，才能达到成功。

低潜力：成为企业家对这个人来说是一个挑战。他们需要额外的努力和他人的支持才能达到要求。

关于人口学变量负面影响的分析

有了工具开发的有效方法和持续的验证性研究，我们才能去发现与公平、偏见、潜在的负面影响相关的问题，完善以天赋为基础的盖洛普选择测试，特别是：

• 根据可靠理论进行的工具开发研究，证明了评估的内容与目标角色、评估结果的心理特质、同期效标关联效度相关的证据。

• 持续的验证性研究，证明了可预测的有效性和评估结果的实用性，以及这些结果的心理特质。

此外，盖洛普还对同期的工具开发研究，以及持续的验证性研究的公平、偏见、潜在的负面影响问题进行了评估。

研究者们可以用不同方法评估偏见，包括观察法和测试复杂统计学模型的双变量联系。在本研究中，盖洛普研究者们首先对比了各个人口学小组的分数。表13展示了这些分数的分布情况。注意，研究者们没有将非白种人群进行拆分，因为样本数量太小①。在所有天赋指数分数有效的案例中，效应量（根据Cohen’s d评估得到的标准平均差）是：种族0.16（所有非白种人分数高于白种人），性别-0.22（男性分数更高），年龄0.09（年龄在40岁及以上的分数更高）。这些效应量相对较小。

① 盖洛普的报告标准是，与人口学群体相关的通过率和影响比例的报告中，至少要有100个案例。目前的样本中包括13个黑人、22个印第安或阿拉斯加土著、7个亚裔（非西班牙裔或拉美裔）、3个太平洋岛民（非西班牙裔和拉美裔），以及25个两种以上的种族。

表13　根据人口学划分的BP10指数分数

人口学分组	数量	平均值	标准差	d_s
种族				
白种人（非西班牙裔或拉美裔）	825	57.88	9.57	
所有非白种人	70	59.41	10.07	0.16
性别				
男性	539	58.88	9.81	
女性	366	56.77	9.11	-0.22
年龄				
小于40岁	92	57.35	8.38	
40岁及以上	759	58.21	9.74	0.09

潜在的差异性影响分析

对跨人口学小组的差异性影响分析，首先要根据参考分数，使用研究样本进行分析。表14展示了根据人口学小组预测的通过率（评分在“有条件推荐”和“推荐”范围内的人的百分比），以及相应的影响比例（被保护和未受到保护两个小组的通过率的比例）。因为样本数量太小，盖洛普没有详细报告非白种人小组的结果。从数字上看，种族和年龄的影响比例要大于0.80，性别的影响比例为0.73。此外，种族和年龄小组的影响比例的95%可靠区间也超过了0.80。这说明在种族和年龄在要求的五分之四规则内，影响比例的可靠性较高。总而言之，这些结果显示在种族和年龄小组中不存在较大的差异性影响。然而，研究者们还会继续监测性别分组的不利影响。

表14　人口学分类的大概通过率和影响比例

人口学分组	总计	大概的通过率	大概的影响比例	95%可靠区间	
				较低值	较高值
种族					
白种人（非西班牙裔或拉美裔）	825	25.0%			
所有非白种人	70	37.1%	1.49	1.12	1.95
性别					
男性	539	29.1%			
女性	366	21.3%	0.73	0.60	0.89
年龄					
小于40岁	92	21.7%			
40岁及以上	759	26.7%	1.23	0.87	1.72

对偏倚和不利影响分析的说明

对分数分布情况的分析和对差异性影响的估计，都说明BP10测试和参考值不会对种族和年龄分组产生不利影响。但是，这些分析也受到了可用数据的本质及数量的局限。

首先，本报告中的分析使用的是工具开发研究的参与者。这些样本的角色、人口学特点，以及BP10指数分数分布，不一定能够代表其他具有潜力的企业家。因此，研究者们还会对测试的其他参与者不断进行不利影响分析。

第二部分：收集进一步验证的证据

基于盖洛普开发选择工具的悠久历史，我们的研究者开发出了BP10测试。第一部分着重说明了工具的开发，以及测试的有效性。第二部分诠释了盖洛普不断地运用多样化的样本来验证BP10测试。本环节介绍的有效性证据将进一步支撑测试的功能。

继初步实验后，研究者们从对3个样本的实验中发现了正关联性，因此说明了天赋能够预测创业角色的表现。这些数据足以证明，创业天赋能够作为预测商业运作表现的指数。

天赋与创业成功之间的这种联系和劳赫与弗雷塞曾开展

的元分析结果类似，他们得出的r为0.231。表15中的预测指数（BP10分数）和标准变量（表现矩阵）说明，创业天赋和商业表现之间真正的联系被低估了。如果将标准变量可靠性或范围限制进行修正，那么结果可能比预想的还要高。

表15　对天赋可以预测商业结果的验证

	样本数量	标准相关的有效性	BP10测试版本
初步样本	905名美国企业家	0.26	版本1：113个问题的初步测试（其中有89个计分问题）
美国高中学生	3119名高中学生	0.21	版本2：121个问题的高中版本（其中有93个计分问题）
美国企业家代表样本	2697名企业家	0.25	版本3：133个问题的最终版测试（其中有122个计分问题）
墨西哥城高中学生	7203名高中学生	0.20	版本3：133个问题的最终版测试（其中有122个计分问题）
世界500强样本	155名企业家	0.18	版本3：133个问题的最终版测试（其中有122个计分问题）

根据德国企业家的样本和后续墨西哥与美国企业家的样本，进行的跨文化、定性的早期研究，才有了今天的BP10。此外，在表15中显示创业天赋和商业结果的联系不会因研究

样本的差异而有较大的变化。这说明美国的样本也并不限于美国文化，而是包含了跨文化的信息。盖洛普将继续从不同国家搜集数据，开展复杂的元分析，研究跨文化的问题。接下来的内容详细解释了表15中的每项研究。

美国高中生样本

为了在学生群体中进行测试，盖洛普研究者们在2013年对美国内布拉斯加州的9所高中，以及2个以企业家精神为主题的高中生项目进行了BP10工具的测试。在这次测试中我们重新审视了测试的问题，并对测试进行了调整。包括删除一些与学生不相关或没有必要回答的问题，同时为了让学生更容易理解，我们加入了更适合学生群体的试验等级和人生阶段的新问题。例如，研究者们删除了放权和管理经验相关的问题，补充了团队参与的问题。调整后的测评工具包含了121个问题，其中93个是计分问题。版本1（*初步*）和版本2（*高中*）的测试中有82个共用问题。

发　现

表16根据高中生的种族、性别和年级进行了分类。所有学生用英语完成测试。

表16　高中生样本的人口学信息

变量	样本数量
学生总数	3119
种族	
白种人（不含西班牙裔和拉美裔）	2098
所有非白色人种（不含西班牙裔和拉美裔）	679
黑种人（不含西班牙裔和拉美裔）	261
西班牙裔或拉美裔	0
美洲原住民（不含西班牙裔和拉美裔）	30
亚裔（不含西班牙裔和拉美裔）	89
太平洋岛民（不含西班牙裔和拉美裔）	18
其他	281
种族信息缺失	342
性别	
男性	1878
女性	1183
性别信息缺失	58
年级	
9年级	1080
10年级	771
11年级	775
12年级	451
年级信息缺失	42

分析中使用的评估效标是由三个问题组成的，这三个问题能够捕捉学生创业的意向和创业的基础创意，以及商业计

划。所有问题的答案都是“是/否”的形式。

问题1：你近期是否计划创立自己的公司？

问题2：你是否有一个想要付诸实践的商业创意？

问题3：你有商业计划吗？

研究显示意向是行动的有力驱动器；因此，近期有计划想要创立公司的学生，比没有意向的学生创业的可能性更大。然而，仅仅有意向还不能满足创业的条件。只有当一个人创业的想法有了行动做支撑，才更有可能成功。盖洛普的研究者们将“商业创意”和“商业计划”的行为作为风向标，来判断创业的可能性是否会增加。这三个问题的单元评估z分数，能够更加完整和稳定地反映BP10效标关联效度的创业结果。通过天赋来预测“计划开创企业”的有效性是0.16，而三个问题合成的表现指标的效度提高到了0.21。

综合得分值在-0.74到1.71之间。

表17　高中生样本的表现综合得分

	问题数量	a	平均值	SD	SEM
表现综合得分	3	0.66	-0.001	0.773	0.450

注释：a=克伦巴赫阿尔法系数

SD=标准差

SEM=评估标准误差

同期的效标关联效度系数

表18展示了我们观察到的BP10和高中生样本中综合表现变量之间的关系。这里的天赋和创业意向之间的相关性，与之前样本中相关性等级相近，即r为0.26。这种联系代表了对创业天赋和表现之间真实关系的较低预测值。一旦经过评估误差和范围限定的修正，平均相关性会比我们预计的更高。

表18　高中生样本中BP10指数分数与表现的相关性

	r*	95%可靠区间	
		较低值	较高值
BP10指数（数量=3119）	0.21*	0.17	0.24

* BP10指数分数和综合表现分数的关联性在0.01等级较为显著（双尾检验）。

表19展示了我们观察到的天赋和综合表现变量之间的联系。

表19　高中生样本中天赋分数与表现之间的关系

天赋（数量=3119）	r*	95%可靠区间	
		较低值	较高值
自信	0.097	0.062	0.132
冒险	0.294	0.260	0.328
创新	0.207	0.173	0.241

续表

天赋 （数量=3119）	r*	95%可靠区间	
		较低值	较高值
销售	0.077	0.042	0.112
盈利	0.045	0.009	0.080
知识	0.101	0.066	0.136
独立	0.093	0.058	0.128
坚韧	0.121	0.086	0.156
授权	0.013（ns）	-0.022	0.048
关系	0.116	0.081	0.151

* 除“授权”天赋外，其他天赋的分数和综合表现分数的关联性在0.01等级较为显著（双尾检验）。

回归分析：用天赋预测高中生的创业意向

接下来，研究者们展开了层次回归分析，以了解天赋对解读高中生创业意向的独特作用。企业家精神研究中的生态学视角认为，父母的企业家身份可能会对孩子的创业选择产生影响。理由包括，通过在家族成员企业中的工作经验，接触到商业环境，从父母处获取特定行业的信息和知识，由父母转给孩子的社会和财务资本。在这次分析中，研究者们控制了生态学相关的因素（通过“你的父母或监护人是否创办过企业”的问题进行判断），来显示天赋对创业意向的影响。此外，研究者们还控制了种族和性别等标准人口学变量。

表20总结了层次回归分析的结果。

回归模型中的第一组指标包括种族和性别，而第二组指标是父母的创业情况，最后，总指数分数作为第三组指标。分析显示，每组变量都能大大增加模型的说服力。性别（B=0.066，t（2769）=2.203，$p<0.01$）和种族（B=0.166，t（2769）=7.605，$p<0.01$）能够充分地预测表现情况。性别和种族影响了2.1%的商业结果变化情况（r=0.021，$p<0.01$）。在模型2中增加的父母创业情况将影响比例从2.1%提高到4.1%（r=0.041，$p<0.01$）。生态学因素可以预测大部分的表现情况（B=0.229，t（2768）=7.528，$p<0.01$）。在模型3中，天赋进一步将影响变量从4.1%提高到7.8%（r=0.077，$p<0.01$），是表现的重要预测指标（B=0.015，t（2767）=10.584，$p<0.01$）。

表20　高中生样本回归分析

	B	标准误差	Beta系数	t	显著性
（持续）	-0.272	0.040		-6.806	0.00
种族	0.166	0.022	0.144	7.605	0.00
性别	0.066	0.030	0.042	2.203	0.02
父母拥有企业	0.229	0.030	0.141	7.528	0.00
天赋	0.015	0.001	0.196	10.584	0.00

整体来看，在控制了种族、性别和生态学因素后，天赋可以影响4%的创业表现变化。这说明天赋和表现的直接关系十分紧密。

为了理解这些数据的实际意义，研究者们开展了效用分析。

表21　高中生样本的天赋效用分析

天赋水平	期望创业的人的比例	有商业创意的人的比例	有商业计划的人的比例
高潜力	52%	57%	44%
中等	40%	52%	31%
低潜力	28%	38%	18%

表21显示，相比28%拥有较低天赋的人而言，52%拥有较高天赋的人近期有创业的打算。同样的，相比38%拥有较低天赋的群体，57%拥有较高天赋的人拥有创意。而相比18%拥有较低天赋的人而言，44%拥有较高天赋的人制定了商业计划。

美国企业家代表样本

盖洛普研究者们运用对内布拉斯加州高中生的研究结果设计了BP10测试的最终版本（版本3），能够可靠地评估14岁以上的人群的天赋。版本3测试包含了133个问题，其中包括

122个计分问题。版本3和版本1（初始版本）有53个问题是重合的，而和版本2（高中生版本）有58个问题是重合的。研究者们用全美企业家代表的样本来验证这个新的测试版本。

发 现

表22展示的企业家和非企业家的样本，是根据种族、性别、年龄进行分类的。

表22 全美企业家样本的人口学信息

变量	企业家数量
总数	2697
种族	
白种人（不含西班牙裔和拉美裔）	2356
所有非白色人种（不含西班牙裔和拉美裔）	322
黑种人（不含西班牙裔和拉美裔）	129
西班牙裔或拉美裔	143
亚裔（不含西班牙裔和拉美裔）	42
其他	8
种族信息缺失	19
性别	
男性	1625
女性	1072
性别信息缺失	0

续表

变量	企业家数量
年龄	
小于40岁	343
40岁及以上	2354
年龄信息缺失	0

对于企业家样本，分析中使用的评估效标是由四个问题组成的，这四个问题能够捕捉企业家的发展公司的意向。研究者们用变量的单元评估z分数形成了综合得分：

问题1：在未来的12个月里，你计划新增员工的比例是什么？

问题2：在过去的12个月里，与销售目标相比，公司的表现如何？

问题3：在过去的12个月里，与利润目标相比，公司的表现如何？

问题4：思考未来5年，下列哪个选项最能代表你对公司的收入预期？

综合得分值在-2.07到1.83之间。

表23　全美企业家样本的表现综合得分

	问题数量	a	平均值	SD	SEM
表现综合得分	4	0.54	-0.008	0.687	0.465

注释：a=克伦巴赫阿尔法系数

SD=标准差

SEM=评估标准误差

同期的效标关联效度系数

表24展示了我们观察到的BP10和企业家样本中综合表现变量之间的关系。这里的天赋和创业意向之间的相关性，与之前样本中相关性的等级相近，即r为0.26。这种联系代表了对创业天赋和表现之间真实关系的较低预测值。一旦经过评估误差和范围限定的修正，平均相关性会比我们预计的更高。

表24　全美企业家样本中BP10指数分数与表现的关系

	r*	95%可靠区间	
		较低值	较高值
BP10指数（数量=2697）	0.25*	0.21	0.28

* BP10指数分数和综合表现分数的关联性在0.01等级较为显著（双尾检验）。

表25展示了我们观察到的天赋和综合表现变量之间的联系。

表25　全美企业家样本中天赋分数与表现之间的关系

天赋 （数量=2697）	r*	95%可靠区间	
		较低值	较高值
自信	0.168	0.131	0.205
冒险	0.226	0.189	0.263
创新	0.110	0.073	0.148
销售	0.188	0.151	0.225
盈利	0.232	0.195	0.268
知识	0.189	0.152	0.226
独立	0.121	0.084	0.158
坚韧	0.182	0.145	0.219
授权	0.101	0.063	0.138
关系	0.200	0.163	0.237

* 天赋分数和综合表现分数的关联性在0.01等级较为显著（双尾检验）。

回归分析：用天赋预测全美企业家样本的表现

接下来，研究者们展开了层次回归分析，以了解除了公司规模、公司年限，以及企业家年龄和性别等标准人口学变量外，天赋对解读企业家表现的独特作用。

企业家年龄的值介于19到66的区间，平均年龄是48岁。

性别是一个二分变量，男性=1，女性=0。公司规模是一个多元变量，它的回归参数需要三个虚拟变量：1—9名员工；10名及以上员工；没有员工。没有员工的选项是一个参考小组。所有在某一特定选项的应答者代号为1；没有在这个特定选项的应答者代号为0。最后，公司年限是一个二分变量，0—5年=0；6年及以上=1。

表26总结了层次回归分析的结果。这种方法可以恰当地检测出，每个新的变量或变量组是否可以提高之前输入的变量的预测比例。

在回归模型中输入的第一组预测指标包括企业家年龄和性别，公司年限和公司规模的虚拟变量被分到第二组，最后，总指数分数被分到了第三组。

分析显示，每组变量都能显著提高模型的说服力。年龄（B=−0.012，t（1542）=−8.426，p＜0.01）对表现有重大影响。企业家越年轻，表现越好。虽然性别（B=0.063，t（1542）=1.786，p=0.074）不是一个重要的预测指标，但是二者加起来可以影响创业结果变量的5%（r=0.046，p＜0.01）。在模型2中增加了公司年限和公司规模，将影响变量从5%增加到14.3%（r=0.144，p＜0.01）。每个因素都对表现的预测起到了重要的作用。如我们所料，年轻（0至5年）的企业比年限长的企业表现更好（B=−0.178，t（1539）=−4.865，p＜0.01）。小于10名员工的企业比参照组（没有员工）表现更好（B=0.303， t（1539）=8.634，p＜0.01）。类似的，10名或以上员工的公司，商业结果要好于没有员工的参照组（B=0.720，t（1539）=12.195，p＜0.01）。在模型3中，天赋将变量从14.4%提高到18%（r=0.180，p＜0.01），是表现的重要预测指标（B=0.013，t（1538）=8.208，p＜0.01）。

表26　全美企业家样本的回归分析

	B	标准误差	Beta系数	t	显著性
（持续）	0.581	0.072		7.218	0.00
年龄	−0.012	0.001	−0.210	−8.426	0.00
性别	0.063	0.035	0.044	1.786	0.07
公司年限	−0.178	0.037	−0.129	−4.865	0.00
公司规模（1—9名员工）	0.303	0.035	0.219	8.634	0.00
公司规模（10名或10名以上员工）	0.720	0.059	0.310	12.195	0.00
天赋	0.013	0.002	0.195	8.208	0.00

总而言之，在控制了企业家年龄、性别、公司年限和公司规模后，天赋对创业表现产生了4%的影响。这说明了天赋

和商业表现之间有着密切的联系。

为了理解这些数据的实际意义，研究者们开展了效用分析。

表27　全美企业家样本的天赋效用分析

天赋水平	希望增加员工数量的人的比例	超过销售目标的人的比例	超过利润目标的人的比例	希望有巨大增长的人的比例
高潜力	29%	45%	40%	44%
中等	21%	22%	19%	35%
低潜力	7%	13%	11%	19%

表27显示，相比7%拥有较低天赋的人而言，29%拥有较高天赋（根据参考分数）的人近期希望聘请员工。同样的，相比13%低潜力的人，45%高潜力的人有望突破销售目标。而相比11%低潜力的人而言，40%高潜力的人有望突破利润目标。相比19%拥有较低天赋的人，在那些天赋较高的人中，有44%希望公司在未来5年有巨大的增长。

对人口学变量的不利影响分析

此外，作为持续验证研究的一部分，盖洛普评估了全美企业家样本的公平性和潜在不利影响因素。

在这个研究中，研究者们首先对比了各个人口学小组的分数分布情况。表28展示了这些分数的分布。研究者们没有将非白种人群进行拆分，因为有些种族群体的样本数量太小[①]。在所有天赋指数分数有效的案例中，效应量是：种族0.26（所有非白种人分数高于白种人），性别-0.34（男性分数更高），年龄-0.07（年龄小于40岁的分数更高）。这些效应量相对较小。

表28　根据全美企业家样本人口学划分的BP10指数分数

人口学分组	数量	平均值	标准差	d_s
种族				
白种人（非西班牙裔或拉美裔）	2356	57.45	10.15	
所有非白种人	322	60.09	10.19	0.26
性别				
男性	1625	59.39	10.23	
女性	1072	55.97	9.88	-0.34
年龄				
小于40岁	343	58.58	9.51	
40岁及以上	2354	57.86	10.47	-0.07

① 盖洛普的报告标准是，与人口学群体相关的通过率和影响比例的报告中，至少要有100个案例。目前的样本中包括129个黑人、42个亚裔（非西班牙裔或拉美裔）、143个西班牙裔和8个其他种族。

潜在的差异性影响分析

研究者们根据现有的参考分数，使用研究样本，对跨人口学小组潜在的差异性影响做了初步的估计（见表14）。在继续监测人口学小组的不利影响过程中，表29展示了对人口学小组的预测通过率（评分在“有条件推荐”和“推荐”范围内的人的百分比），以及对全美企业家样本相应的影响比例（被保护和未受到保护两个小组的通过率的比例）。因为样本数量太小，盖洛普没有详细报告非白种人小组的结果。从数字上看，种族和年龄的影响比例要大于0.80，性别的影响比例为0.66。此外，种族和年龄小组的影响比例的95%可靠区间也超过了0.80。这说明在种族和年龄在要求的五分之四规则内，影响比例的可靠性较高。总而言之，这些结果显示在种族和年龄小组中不存在较大的差异性影响。然而，研究者们还会继续监测性别分组的不利影响。

表29　美国企业家样本大概的通过率和影响比例

人口学分组	总计	大概的通过率	大概的影响比例	95%可靠区间	
				较低值	较高值
种族					
白种人（非西班牙裔或拉美裔）	2356	26.7%			

续表

人口学分组	总计	大概的通过率	大概的影响比例	95%可靠区间	
				较低值	较高值
所有非白种人	322	34.5%	1.29	1.13	1.48
性别					
男性	1625	31.8%			
女性	1072	21.1%	0.66	0.59	0.74
年龄					
小于40岁	343	29.4%			
40岁及以上	2354	27.3%	0.93	0.80	1.07

墨西哥城高中生样本

负责鼓励和开发墨西哥创业活动的联邦机构INADEM，与负责墨西哥城小企业开发的州立机构FONDESO，在墨西哥城的高中生中联合发起了一个开发企业家精神的项目。这个项目的首要目标是要发现和开发墨西哥城高中学生的创业天赋。8个不同的高中系统参与了该项目，其中全城有7203名学生参与了这次天赋识别和开发活动。研究者们用版本3（最终版测试）来评估这些高中生的天赋情况。

发　现

表30展示了所有高中生的性别分布情况。

表30　墨西哥城高中生样本的人口学信息

变量	企业家数量
总数	7203
性别	
男性	3250
女性	3947
性别信息缺失	6

对于墨西哥城高中生样本来说，创业意向是分析中的关键评估指标。因为意向是行动的强有力的驱动器。“你近期是否计划创立自己的公司”的问题，答案是“是/否”的形式。在接受测试的学生中，81%的学生计划创办一家公司，这是一个相对较高的比例。由于学生们已经知道自己参与了由联邦和州政府机构赞助的开发项目，出于社会期许因素导向，他们可能会选择给出肯定的答案。

表31 墨西哥城高中生样本的表现矩阵

你近期是否计划创立自己的公司?	
是	81%
否	19%

同期的效标关联效度系数

表32展示了我们观察到的BP10测试和墨西哥城高中生样本中表现变量之间的关系。这里的天赋和创业意向之间的相关性，与之前样本中相关性的等级相近，即r为0.26。这种联系代表了对创业天赋和表现之间真实关系的较低预测值。

表32 墨西哥城高中生样本中BP10指数分数与表现的关系

	r*	95%可靠区间	
		较低值	较高值
BP10指数（数量=7203）	0.20*	0.177	0.223

* BP10指数分数和表现分数的关联性在0.01等级较为显著（双尾检验）。

表33展示了我们观察到的天赋和表现变量之间的联系。

表33　墨西哥城高中生样本中天赋分数与表现之间的关系

天赋 （数量=7203）	r*	95%可靠区间	
		较低值	较高值
自信	0.146	0.123	0.168
冒险	0.222	0.199	0.245
创新	0.163	0.140	0.186
销售	0.093	0.070	0.116
盈利	0.116	0.093	0.138
知识	0.132	0.109	0.155
独立	0.127	0.104	0.149
坚韧	0.138	0.115	0.161
授权	0.036	0.013	0.059
关系	0.147	0.124	0.169

* 天赋分数和表现分数的关联性在0.01等级较为显著（双尾检验）。

回归分析：用天赋预测墨西哥城高中生样本的表现

接下来，研究者们展开了层次回归分析，以了解在控制性别变量后，天赋对解读高中生创业意向的独特作用。表34总结了分析的结果。

第一组数据是性别，第二组数据是总指数分数。分析显示每组变量都能显著提高模型的说服力。性别（x^2=10.92，df=1，n=6675，$p<0.01$）能够显著影响对表现的预测。男

性更容易表达在近期创业的意愿。性别影响了创业结果变量的0.3%（r=0.003）。在模型2中，研究者们加入了天赋得分，看是否能够增强性别的影响力。结果不出所料，第二组的结果显示（x^2=246.36，df=1，n=6675，p＜0.01），天赋将影响变量从0.3%提高到6%（r=0.061），是表现的重要预测指标。

表34　墨西哥城高中生样本的回归分析

	B	Wald x^2	p	优势比
（持续）	-1.568	64.363	0.000	0.208
性别	0.164	6.271	0.012	1.178
天赋	0.056	228.320	0.000	1.058

总而言之，在控制了性别变量后，天赋在创业意向的变量中占比6%。这说明了天赋和表现之间有非常重要的联系。

为了理解这些数据的实际意义，研究者们开展了效用分析。

表35　墨西哥城高中生样本的天赋效用分析

天赋水平	希望创立企业的人的比例
高潜力	92%
中等	91%
低潜力	79%

表35说明，相比79%天赋较低的人而言，92%天赋较高的人近期有创业的打算。

世界500强样本

本研究邀请了世界上发展最快的500家私营企业——世界500强企业中的155位CEO来参加盖洛普BP10测试。

发　现

表36展示了世界500强样本中企业家的种族、性别和年龄信息。

表36　世界500强样本的人口学信息

变量	数量
种族	
白种人（不含西班牙裔和拉美裔）	112
黑种人	2
夏威夷土著或太平洋岛民	1
亚裔	17
美洲印第安人或阿拉斯加土著	1
两种或两种以上的种族	8
种族信息缺失	14

续表

变量	数量
性别	
男性	140
女性	13
性别信息缺失	2
年龄	
小于40岁	73
40岁及以上	82

整体天赋分布情况

世界500强企业家BP10测试分数要远远超过盖洛普数据库中的美国企业家样本分数。美国企业家样本的平均天赋分数为58.41，而世界500强样本的平均分数为72.46。

表37　世界500强与全美企业家样本的BP10分数对比

	平均值	数量	标准差
世界500强	72.46	155	7.68
全美企业家样本	58.41	2697	9.89

整体天赋分布情况

世界500强企业家与全国样本对比

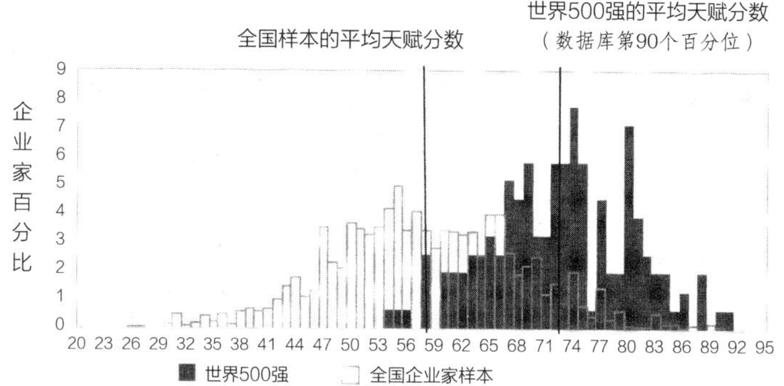

接下来，盖洛普的研究者们开展了独立样本t检验，通过对比全国企业家样本和世界500强样本的平均值来获取统计学证据，证明相关人群的平均值存在巨大差异。

结果显示，世界500强（平均值=72.46，标准差=7.68）的天赋分数与全国企业家样本（平均值=58.41，标准差=9.89）的分数有显著差异，$t_{184.710}=21.771$，$p<0.001$。

世界500强的平均天赋分数比全美企业家的平均天赋分数高出14分。

表38　独立样本t-检验：全美企业家样本和世界500强样本对比

	Levene方差相等检验		齐次性t-检验						
	F	显著性	t	df	显著性（二尾）	平均差	标准误差差异	差异的95%可靠区间	
								较低值	较高值
假设相等的方差	12.999	0	-17.381	2850	0	-14.05703	0.80878	-15.6429	-12.47117
非假设相等的方差			-21.771	184.7	0	-14.05703	0.64569	-15.3309	-12.78315

盖洛普研究者选用了4个问题，来收集世界500强样本中的企业家是否有扩张公司的想法。研究者们用变量的单元评估z分数设计了以下问题：

问题1：在未来的12个月里，你计划新增员工的比例是什么？

问题2：在过去的12个月里，与销售目标相比，公司的表现如何？

问题3：在过去的12个月里，与利润目标相比，公司的表现如何？

问题4：思考未来5年，下列哪个选项最能代表你对公司的收入预期？

综合得分值在-3.34到0.64之间。

表39　世界500强企业家的表现综合得分

	问题数量	最小值	最大值	平均值	标准差
表现综合得分	147	-3.34	0.64	0.009	0.65150

同期的效标关联效度系数

表40展示了我们观察到的BP10和世界500强样本中综合表现变量之间的关系。这里的天赋和创业意向之间的相关性，与之前样本中相关性等级相近，即r为0.26。这种联系代表了对创业天赋和表现之间真实关系的较低预测值。一旦经过评估误差和范围限定的修正，平均相关性会比我们预计的更高。

表40　世界500强样本中BP10指数分数与表现的关系

	相关性	95%可靠区间	
		较低值	较高值
BP10指数（数量=155）	0.183*	0.021	0.335

* BP10指数分数和综合表现分数的关联性在0.01等级较为显著（双尾检验）。

第三部分：BP10测试的重新配置

根据之前的研究结果，盖洛普研究者们在2015年对BP10测试进行了重新配置。在新版测试中对问题形式进行了调整。经过重新配置后的BP10测试包含了111组对比性的描述。每个问题都是一对潜在的自我描述符。这对描述符被放在了对立的两端。测试者在回答过程中需要选择最符合自己情况的描述。参与者有20秒的时间来作答，20秒后系统会自动跳到下一个问题。研究显示，20秒的限制在未答题率中是可以忽略不计的。

下图举例说明了BP10测试者在电脑屏幕上看到的问题形式。

选择最符合你的描述：

对我来说做到最好很重要。				对我来说保持平衡很重要。
非常符合我		一般		非常符合我
○	○	○	○	○

下一题

每个问题只能选择一个“正确”答案，而这个答案是与BP10的“主题”相关联的。这里的主题就是天赋的类型。

在这里盖洛普将天赋定义为持久而稳定，且在不同情况下都能反复产生的想法、感受和行为。BP10测试对10种不同天赋的情况进行了评估。一个描述符不会和超过一种天赋挂钩，因此每个问题的答案仅指向一种天赋。每一种天赋的评估是由多个问题来完成的。由专门设计的公式为每个答案类型赋值。研究者们将与某种天赋关联的所有问题的值汇总，得出了这个天赋的分数。

研究者们根据自我描述强度的平均值计算出所有的分数。这些分数被录入了盖洛普数据库，作为天赋平均值和标准分数。

盖洛普研究者们对测试进行重新配置，修改问题形式，是为了避免默许应答偏倚和社会期许偏倚，提高评估的准确性。

默许应答偏倚是指，不管问题的内容是什么，应答者都会不自觉地被问题所引导。之前的BP10版本的问题形式包括李克特式量表和多选题。李克特式量表中有“非常不认同”和“非常认同”的选项，这样的选项就很容易引起默许应答偏倚。有的应答者在回答李克特式量表的问题时就容易选择心理捷径。其中一种较为常见的捷径就是挑选正面的答案。

此外，即使匿名参加测试，随和、礼貌等社交准则也可能会误导应答者，让他们避免“不同意”的选项。这种成组对比的问题形式可以避免应答者向正面选项倾斜。

社会期许偏倚是指，人们为了挑选对自己最有利的选项，可能会虚报自己的实际情况。尽管社会期许可能会影响实验和研究结果的有效性，但通过这种成组对比的提问形式可以有效地避免或减少社会期许偏倚。在对BP10测试进行重新配置的过程中，通过提出期许性相同的问题，研究者们试着去避免人们根据社会期许来选择答案。

重新配置后的BP10测试在准确性和精度上都得到了提升，这一点可以通过更高的可靠性和有效性分数来证明。

重新配置后的BP10测试的心理特质

新的BP10测试包含111个成组对比的问题，其中93个是计分题目。

样　本

研究者们用3804个盖洛普小组成员的回答样本对新版测试进行了验证。

表41　样本

	应答者
企业家	1514
非企业家	2282
缺失	8
总样本	**3804**

表42　人口学信息

变量	总样本	企业家	非企业家
种族			
白种人（非西班牙裔或拉丁裔）	3369	1348	2013
黑种人	150	65	85

续表

变量	总样本	企业家	非企业家
亚裔	54	14	40
西班牙裔	191	73	118
其他	10	2	8
种族信息缺失	30	12	18
性别			
男性	2098	921	1172
女性	1706	593	1110
年龄			
小于40岁	483	145	338
40岁及以上	3321	1369	1944

指数分数的可信度

表43展示了重新配置后的BP10测试的内部持续可信度。

表43　BP10测试的可信度和描述性统计

指标	问题数量	a	平均值	SD	SEM
BP10	93	0.88	49.65	8.74	3.03

注释：a=克伦巴赫阿尔法系数

SD=标准差

SEM=评估标准误差

表44　天赋分数的可信度和描述性统计

	问题数量	a	平均值	SD
盈利	8	0.643	36.25	15.15
自信	8	0.587	43.79	14.91
创新	9	0.583	52.91	14.47
授权	7	0.335	52.91	14.33
坚韧	11	0.768	59.54	16.41
独立	10	0.692	52.24	15.91
知识	7	0.344	55.21	13.87
销售	12	0.696	42.35	14.92
关系	10	0.695	47.82	16.33
冒险	11	0.576	53.35	13.19

注释：a=克伦巴赫阿尔法系数

SD=标准差

企业家与非企业家的对比

BP10测试对企业家和非企业家进行了区分。如我们所料，测试中企业家的分数要明显高于非企业家。

表45　企业家与非企业家的平均天赋分数

	平均值	数量	标准差
企业家	52.23	1514	8.74
非企业家	47.94	2282	8.30

研究者们开展了独立样本t检验，通过对比企业家和非企业家的平均值来获取统计学证据，证明相关人群的平均值是否也存在巨大差异。

结果显示，企业家（平均值=52.23，标准差=8.74）的天赋分数与非企业家（平均值=47.94，标准差=8.30）的分数有显著差异，$t_{3122.94}=15.135$，$p<0.001$。

企业家的平均天赋分数比非企业家的平均天赋分数高出4分。

表46　独立样本检验

		Levene方差相等检验		齐次性t-检验						
		F	显著性	t	df	显著性（二尾）	平均差	标准误差差异	差异的95%可靠区间	
									较低值	较高值
93个最终问题的比例分数	假设相等的方差	5.798	0.016	15.294	3794	0.000	4.29604	0.28089	3.74533	4.84676
	非假设相等的方差			15.135	3122.943	0.000	4.29604	0.28386	3.73948	4.85261

同期的效标关联效度系数

表47展示了我们观察到的新版BP10测试和综合表现变量之间的关系。综合表现变量是由与旧版BP10测试中相同的4个问题组成的。

对表现联系的效标评估中存在的误差，研究者们并没有修正。因此，总分数与创业表现之间的联系有可能被低估了。以往的研究显示综合表现评估的可信度为0.75。为了获取综合可信度，研究者们对效标关联效度系数进行了修正。

假设两个随机变量X和Y，关联度是rxy，表现评估的综合可信度为r_{yy}（$r_{yy}=0.75$），对X和Y关联的衰减修正为：

$$R_{x'y'}=\frac{r_{xy}}{\sqrt{r_{yy}}}$$

表47　BP10指数分数与表现的关系

	无修正的系数	95%可靠区间		修正后的效标效度（可信度=0.75）
		较低值	较高值	
BP10指数	0.279	0.227	0.329	0.322

表48展示了天赋和综合表现之间已证实的相关性。

表48　天赋与综合表现之间的相关性

	相关性	95%可靠区间	
		较低值	较高值
盈利	0.153	0.099	0.207
自信	0.201	0.147	0.254
创新	0.115	0.060	0.169

续表

	相关性	95%可靠区间	
		较低值	较高值
授权	0.111	0.056	0.165
坚韧	0.167	0.113	0.221
独立	0.173	0.119	0.227
知识	0.156	0.101	0.209
销售	0.169	0.115	0.223
关系	0.130	0.075	0.184
冒险	0.237	0.184	0.288

效标效度系数解读

在关联性中通常都有效标相关的效度证据，但是这些关联性有意义吗？答案要视情况而定。第一种情况，是关于其他性格评估的效标关联效度的文献中的发现。已出版的关于性格因素对创业精神效果的预测研究的元分析显示，其与公司成功的相关性为0.24。其他研究中提到的个人性格与创业结果的真实相关分数，在0.10—0.38之间。这种关系会随着对结果的评估方式而变化。例如，自我效能与创业的关系为r=0.28，而创新与创业和公司表现的关系分别为r=0.24和r=0.27。另一方面，冒险与创业和公司表现的相关性都为0.10。

盖洛普BP10总分的大概效标效度与劳赫和弗雷塞的报告是有可比性的。

了解某一效度系数量级的另一种情况是考虑实际的商业影响或潜在效用。对于实施一项选择/识别方法所产生影响的评估，我们有现成的方法可以利用。理论预期模型显示，在保证效度不变的前提下，一种选择/识别流程的效果的提升，可能源自选项比例的下降，或受到了角色成功的基本比例的影响（即没有使用选择/识别工具所取得的成功的比例）。例如，假设企业家中成功的基本比例是19%（样本中19%的企业家拥有销售收入在100万美元或以上的公司），应用0.279的效度系数，选出前5%（具有较高天赋的）应答者能够将成功比例提高到40%，或提高110%。从优势比的角度来看，这意味着我们的评估方式发现成功企业家（“成功”的定义为收入超过100万美元）的概率是随机选择（随机抽取）概率的2倍多。

这些对效用的推测，可以通过企业家所在公司的商业结果进行量化。简言之，如果在天赋的识别和开发初期就系统性地使用盖洛普BP10测试，我们的经济规模会有实质性的增长。

聚合效度

在开发和重新配置评估的过程中，盖洛普研究了新版本与以往BP10版本的聚合性。在3804位新版测试的参与者中，有3254位曾接受过旧版的BP10测试。

研究者们发现二者有高度的聚合性，聚合效度为0.73。较高的聚合效应，和可预测的同期效标关联效度证据，可以共同证明重新配置后的BP10测试的准确性。

此外，为了提高可信度，研究者们修正了聚合效度系数。评估误差弱化了参数间的相关性。通过修正可以提高对参数间联系预测的准确性。

从经典测试理论的角度来看，两个评估的可信系数等比平均数要除以聚合效度系数。假设两个随机变量X和Y，相关性是r_{xy}，每个变量的已知可信度为r_{xx}和r_{yy}，X和Y的衰减修正为：

$$R_{x'y'} = \frac{r_{xy}}{\sqrt{r_{xx} \times r_{yy}}}$$

表49　修正后的聚合效度

	聚合效度	新版BP10的克伦巴赫阿尔法系数	BP10版本3的克伦巴赫阿尔法系数	修正后的聚合效度
整体天赋分数	0.732	0.883	0.937	0.805

表50　天赋的聚合效度

BP10主题	聚合效度
盈利	0.447
自信	0.368
创新	0.579
授权	0.322
坚韧	0.645
独立	0.620
知识	0.433
销售	0.470
关系	0.632
冒险	0.490

结　论

这部分内容列举的证据支持了创业精神与商业结果的正向关联假设，商业结果的内容包括更高的盈利性、招聘量的增加，以及更高的收入。本小节列举的研究还说明了创业天赋的级别越高，自己创业的意向越强烈。迄今为止大多数的有效性证据能够充分证明BP10具有推动商业结果的作用。随着更多客户和科研伙伴的数据输入，盖洛普还会继续研究天赋和商业表现之间的关系。

第四部分：测试细节

执　行

在BP10测试正式发布前，我们搜集了用户对报告结构、参加在线测试所需的软硬件、安全和保密情况的问题，并对这些问题进行了充分讨论，为每名参与者营造公平、安全的测试环境。此外，我们还讨论了如何建立准确、高效的测试结果递送系统。最后，盖洛普必须培训BP10测试用户，保证他们能够正确解读和使用这项测试。

反　馈

在完成BP10测试后，每名参与者会收到一封基于10种天赋的分数得出的定制化报告。参与者不会看到具体的分数，因为天赋是以强度的形式体现的。在盖洛普设计的创业天赋开发项目中，这份定制化的报告是盖洛普教练为你提供指导的基础。盖洛普设计这份报告的初衷是想帮助个人开发创业天赋，并管理自己的弱势。

10种天赋有3628800种排列组合方式（根据顺序分布），很难找到两个天赋排序相同的人。如果考虑天赋的强度和排序，可能的排列组合方式就超过了2140亿。这就意味着两个人有相同的天赋排序和天赋强度的可能性基本为零。

合理运用测试结果

经过相关的效度验证，我们认为BP10的工具开发过程和应用过程是一致的。盖洛普不支持对测试的不恰当使用。

尽管测试的问题中包含了一系列相互关联的主题，盖洛普设计这些问题的目的仅仅是帮助了解总指数分数级别的创业潜力。我们设计了基于天赋的指数，是为了说明分数较高的人比分数较低的人更有可能胜任某个创业角色。然而，盖洛普建议用户通过测试结果了解如何最好地运用自己的天赋，实现商业成功。问题不在于谁比谁的天赋更多，或者多多少，而是怎样把天赋运用在自己的岗位上。测试结果不能用来决定谁能够成为企业家，因为我们存在互补的措施——包括建立互补的伙伴关系、获取技能和知识、在天赋弱势的领域引入管理体系——这些措施都可以带来商业的成功。

作为测试结果的一部分，根据天赋的密度分数，每个人会收到一份按降序排列的天赋报告。这份报告提供了个人天赋的详细信息。个人天赋报告和BP10指数总分数可以最好地说明个人天赋情况，可以作为制定最大限度发挥个人天赋方案的参考。经过盖洛普资深顾问的培训，你才能合理地运用和解读总指数分数及天赋报告。盖洛普不支持对测试的不恰当使用。

研究显示，用具体的特质和环境因素的相互作用对商业结果进行预测，比用单一因素预测要准确得多。因此，在对企业家潜力进行判断时，还需要考虑市场条件、政府角色、社会环境、信用获取、基础设施和其他相关的信息。

致谢

我们要感谢为本书付出的每一个人。本书起源于唐·克利夫顿关于优势的先驱理论，他致力于改善人的生活质量，强调要关注人的优势，而非弱势。他50多年来的努力，包括他对企业家心理学的研究，都为“创业优势识别器”（BP10）测试和本书的诞生奠定了基础。我们对唐关于优势理论的教诲致以最深的谢意。

盖洛普的许多同事为创业精神项目的开发投入了宝贵的时间和才华。非常感谢托德·约翰逊和乔·戴利的领导力和在盖洛普企业家精神、创造就业实践项目中的不懈努力。真诚感谢吉姆·克里格、史蒂夫·奥布赖恩和菲尔·鲁尔曼的个人智慧、全局思维和对项目的坚定信念。

特别感谢杰拉尔多·阿兰达和他的团队领导了墨西哥的调研工作，在成百上千个高中生中推广创业的思维方式，帮助上千个初创和小型企业走上可持续、高产出的发展之路。非常感谢斯科特·怀特和布莱恩特·奥特花费无数小时准备BP10报告和交付物。还要感谢我们的技术专家——艾米丽·特努斯、吉里尔·鲁斯霍夫和凯莉·斯莱特，感谢他们设计了在线平台，呈现了完美的测试内容。

本书的出版离不开我们出色的编辑杰夫·布鲁尔，娴熟地将两位作者的文笔完美融合，还有赛斯·舒曼和盖洛普出版社的全体团队，以最高的品质推动了本书的顺利出版。

还要感谢审稿人史蒂夫·奥布赖恩、乔恩·克利夫顿、康妮·拉斯、布兰登·巴斯蒂德、吉姆·卡特、马克·波格、汤姆·诺兰和托德·约翰逊，感谢他们对初稿给出的极具建设性的意见。感谢凯莉·亨利的编辑和多轮排版，感谢崔斯特·昆斯对多个版本进行耐心的数据核查，感谢萨曼莎·艾伦曼的精美设计。特别感谢Chin-Yee Lai的又一盖洛普封面巨作。还要感谢的是蒂姆·迪恩特推动我们按照计划，顺利地过渡到一个又一个里程碑，还有克里斯汀·希恩的全程支持。

没有我们出色的天赋心理学家和科学家们聪明才智的积累，也就不会有本书的问世。首先，要感谢职场管理项目的首席心理学家和顾问乔·斯图尔，和世界民意调查的全球研究总监拉杰什·施里尼华森，在他的帮助下我们的BP10测试才有这么多丰富的资源可以学习和利用。还要感谢以下专家的帮助、评论和建议：爱荷华大学商学院管理和组织系名誉教授弗兰克·L. 施密特，盖洛普职场管理项目首席科学家吉姆·卡特，盖洛普优势实践项目首席科学家吉姆·阿斯普隆德，盖洛普方法论和预测分析前首席研究员杨永伟。

非常感谢所有的创建者对创业经历的慷慨分享。他们的名句和见解遍布书中的各个角落，同样要感谢参加BP10测试的全美成百上千的创建者，让我们得以研究他们的天赋。

最后，我们要感谢我们的家人在写书的这段日子给予了无尽的耐心和支持。感谢我们在盖洛普的同事和朋友激励我们在优势开发的道路上继续走下去。

关于作者

吉姆·克利夫顿是盖洛普的董事长、CEO，也是《盖洛普写给中国官员的书》的作者。他最近的一项创新是“盖洛普世界民意调查”，专门针对全球70亿公民为全球关键问题发声而设计的。在克利夫顿的领导下，盖洛普从一个美国本土公司发展成一个全球性组织，在世界30个国家和地区建立了40个办公室。

桑吉塔·巴达尔博士是盖洛普创业项目的首席科学家。巴达尔博士负责将研究发现转化成推动企业发展的措施。

关于盖洛普公司

盖洛普管理咨询

盖洛普研究人类行为超过70年，与大多数咨询公司有着很大的区别——其他公司主要围绕传统领域（如降低成本、建立或重新设计流程和系统或者收购与兼并等）提供服务，而我们致力于帮助公司推动真正的“有机增长”（Organic Growth），即通过可持续的运作来提升营业收入和利润。

盖洛普整合数十年在管理、经济、心理、社会等多领域不断取得的研究和实践成果，探索出一条如何帮助企业实现持续发展和利润增长的途径——这就是盖洛普路径（The Gallup Path）。该路径指导企业如何关注顾客与企业的情感联系，工作环境和员工的敬业度，发展优秀的经理，识别个人的优势，因才适用，从而驱动企业可持续的发展和利润的真正增长。

盖洛普企业成功路径

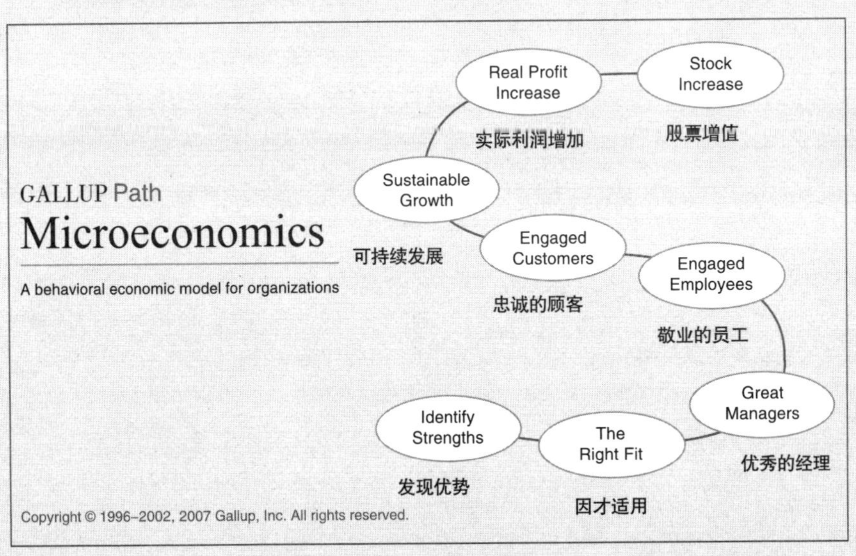